境界を越える
神の救いの計画

宗教間対話の新たな地平へ

カブンディ・オノレ

オリエンス宗教研究所

はじめに

神は過ぎ去った時代には、すべての国の人が思い思いの道を行くままにしておかれました。しかし、神は御自分のことを証ししないでおられたわけではありません。恵みをくださり、天からの雨を降らせて実りの季節を与え、食物を施して、あなたがたの心を喜びで満たしてくださっているのです（使徒言行録14・16－17）。

使徒パウロが異邦人に対して語ったこのことばは、現代の宗教的多元性を生きるわたしたちの心に響いている。異邦人に福音を伝える前提として、パウロが諸宗教の存在について触れていたことを、わたしたちも学ぶべきである。「過ぎ去った時代」というのは、キリストの啓示の前の時代のことである。キリストの啓示を受ける前に、人々が「思い思いの道」（宗教）に従って生きたことは、神によって容認されたことである。なぜなら、神は知られざるままでいることを望まなかったからである。第二バチカン公会議が述べたように、「みことばによって万物を創造し（ヨハネ1・3参照）、かつ保持する神は、人々に対し被造物のうちにご自分についての永遠の証しを示している（ローマ1・19－20参照）。そしてさらに、上にある救いへの道を開こうとして、人祖たちに最初からご自分を現したのである」（『神の啓示に関する教義憲章』3項）。「神は、そのいつくしみと知恵をもってご自身を啓示し、ご自分のみ心の神秘（エフェソ1・9参照）を知らせることをよしとされた」のである（同2項）。自然のさまざまな営みのなかに神ご自身を現しているがゆえに、「すべての国の人」がそれぞれの神の理解において、さまざまな宗教を信仰している。

神はすべての人に「恵み」をくださる。「時が満ちると」（ガラテヤ4・3）、神は御子を遣わし、人々による神の理解を照らし出した。この意味で、それまでの時代は「過ぎ去った時代」となったのである。イエスの啓示をまだ知らない諸宗教の信仰者や諸民族はこの「過ぎ去った時代」の現実に生きている。彼らはいまだに「思い思いの道を行く」と言えるのである。神は忍耐強くこの現実を容認し、そのままにしているのである。

イエス・キリストの啓示をまだ知らない地域で福音宣教を推し進めれば進めるほど、世界には多くの宗教が存在するという現実の認識が高まってくる。この認識は、ローマ・カトリック教会が遭遇する宗教的多元性の意味を真剣に捉え、他の諸宗教との関係性を真剣に考え直すことを強いたのである。

半世紀以上前に第二バチカン公会議は、『キリスト教以外の諸宗教に対する教会の態度についての宣言』という非常に重要な公文書を出した。これは単なる宣言文ではなく、他の諸宗教の存在について真摯な調査と分析を求め、さらには宗教間対話の道を可能にした文書である。本公会議の教父たちにとって、すべての民族は一つの共同体をなし、同一の起源と同一の最終目的をも有している。それは神である。それゆえ神の「摂理といくつしみのあかしと救いの計画とはすべての人々に及（ぶ）」と教父たちが宣言したのである（1項）。

宗教原理主義に陥りやすい現代、この宣言に基づいて、わたしは神の救いの計画がどのようにすべての人に及んでいるのかという根本的な問いを中心にして検討しようと思う。神の救いの計画がすべての人に及ぶことの問題を中心に据えながら、この計画における宗教的多元性の位置づけを考えていきたい。わたしにとって、神の救いの計画は宗教の境界線を壊すものであり、全人類の運命を語るものである。すべてを創造した神は、諸宗教が定めた境界線を見るのではなく、ご自分が創造した人間の救いを考える。全能の神（無限の神）は諸宗教の限界や人間のさまざまな境界線において限定されることができないからである。

人間は宗教的動物（homo religionis）である。人間がさまざまな宗教を生み出していると議論されてきたが、本書では宗教的多元性について別の視点（アプローチ）、すなわち神の救済のオイコノミア（人類に対する神の救いの計画の営み）の視点から検討してみた。キリスト教神学では、未だに神の救済のオイコノミアにおける宗教的多元性の位置づけと役割が明らかにされていないので、これに取り組んでいこうと思う。

わたしたちが信じる神は、「すべての人々が救われて真理を知るようになることを望んでおられ（る）」（一テモテ2・4）。「すべての人々」とは文字どおりキリスト者以外の諸宗教の信者も、宗教を信じない人々も含まれている。神の救いの計画は宗教の境界線を越えてすべての人々に及ぶのである。

今日、神の救いがどのように人間に届くのかという問いが議論の的となっている。イエス・キリストを知らないままこの世を去る人々、またキリストの誕生の前に生きた人類の救いはどうなるのか。彼らは神の救いの計画に断ち切られているのか。キリスト教に属していない人々は神の救いの計画から排除されているのか。彼らは排除されていないとすれば、どのように神とつながっているのだろうか。本書ではこれらの問いに対してどのように答えればいいのかを考えていきたい。特にキリスト教以外の諸宗教の存在は、神の救いの計画において、どのような意味と役割を担っているのかを検討する。

福音宣教のために働くわたしが宗教的多元性の問題を真剣に捉え、検討する必要性を強く感じたのは十数年前のことである。わたしは生まれ育ったコンゴ民主共和国で、すでに宗教的多元性について、特に伝統的な宗教の信念に興味を持っていた。自分の家族のまわりには、身近な親戚も含めて、他宗教に属する人もいた。時には、わたしの代々の先祖が行っていた宗教的な祭りや儀式——例えば、地元の双子を迎える祭り「kujija mapasa《クジジャ・マパサ》」、魔術者を悪の力から自由にする祭り「kulukisha mupongo《クルキシャ・ムポンゴ》」、呪いを取り除く儀式「kumbusha mikiya《クンブシャ・ミキャ》」など——にも参加した。わたしから見ると、宗教的多元性は今日に至るまで経験的事実である。成長するにつれても、カトリック信者のわたしはまわりにあった他の諸宗教に対して違和感はなかった。愛の神の信仰に基づくなら、カトリック信者が救われて天国へ行き、他の人々が地獄に落ちるというようなことはまったく考えもしないことである。むしろ、この世界でどうして神が多くの宗教の存在をゆるしたのかということについて、いつも考えを巡らしている。

　アフリカから宣教師として来日してからは、他の諸宗教や宗教的な伝統を知るために、神社仏閣、シナゴーグ、モスクなどを訪れ、コンゴの故郷にいた時と同じように他宗教の祭りや研修会に興味を持って参加している。他の諸宗教と関わるなかでキリスト教以外の諸宗教もまた、霊的な豊かさを持っていることを認識するようになった。この認識が高まるうちに、全人類に対する神の普遍的な救いの計画について深く考えさせられたのである。さらに、自分が属しているキリスト教の信仰から、わたしは全人類を救いたいという神の望みを確信している。その実現のため、神の救済の恵みは全人類に及ぶことを人々に伝えるために宣教師になった。ここで避けようにも避けられない問題となるのは、神の救いの計画に関連する宗教的多元性という存在である。宣教師として、もしこの問題を明らかにすることができなければ、全人類を救いたいという神の意志を主張することができないし、そうであるならそれをわざわざ他の人々に伝える必要もないと思う。

キリスト教神学では、すでにキリスト教と他の諸宗教との関係についての考察がある。しかし、救済のオイコノミアにおける宗教的多元性についての考察はほとんどなされていない。初代教父たちのように、大胆に自ら考察を展開する神学者は多くない。このような状況において、本書では「救済のオイコノミアにおける宗教的多元性の位置づけ」について検討する。なお、この検討内容は、イエズス会司祭であり、教皇庁立グレゴリアン大学で教鞭を執ったジャック・デュプイ (Jacques Dupuis) の神学に全面的に負っている。

ベルギー出身で、インドで三六年にわたって宣教活動を行ったデュプイは、キリスト教信仰の核心を保ちながらも、他宗教の存在と価値を認めた。現代における福音宣教と宗教間対話に関して、彼の神学はキリスト教神学者として前向きな態度と先駆的な働きを示している。すなわちキリスト教と他の諸宗教との関係について、彼は「対決から対話へ」という姿勢の転換を提案したのである。デュプイにとって、宗教的多元性は積極的な意味を備えているのかもしれず（『キリスト教と諸宗教』四六頁）、それを理解すれば宗教間対話ができるようになる。彼はキリスト教が「唯一の真の宗教」であり、その他の宗教は「偽りの宗教」という関係では見ていない。むしろ、諸宗教を「神からの人々への賜物」として見つめ直し、神の人類に対する計画全容のなかで肯定的で重要な意味があると考えた。これがデュプイの講義や著作の中心的課題となった。

しかしながら、デュプイの神学的なアプローチはすぐには理解されなかった。諸宗教に対する彼のアプローチは多くの神学者や司教たちから賞賛を受けたが、教皇庁教理省からは長期間査問を受けることになったのである。

あわせてデュプイの神学を正しく理解するために、聖書および初代教父たちの記述を確認したい。本書での方法論として、宗教間対話の実践をもとに聖書の記述を再解釈し、教導職の公文書と初代教父たちの思想を分析する。

以上のことを踏まえ、本書は五章構成で成り立っている。

１章は、救済のオイコノミアに対するデュプイの神学を概観する。まず、デュプイ神学（原点と展開）とそれに影響を与えた思想家を紹介し、次に救済のオイコノミアに対する彼の見解と他宗教に関わる三つの類型論を分析する。また、彼の多数の著書のなかでも代表作である *Toward a Christian Theology of Religious Pluralism*（『宗教的多元主義に基づくキリスト教神学の構築に向けて』）が問題視され、教皇庁教理省から長期間にわたって受けた査問についても触れる。

2章は、宗教的多元性に対するキリスト教の態度に関する内容である。すなわち、歴史のなかで他宗教に対するキリスト教の態度にどのような変化があったのかを概観する。本章では、三つの時代の主な態度に限ることにする。すなわちイエスと使徒時代の教会の態度、二－三世紀の初代教父たちの態度とその後の最も論議の的となった「教会の外に救いなし」教義の展開、そして第二バチカン公会議での刷新である。

3章は、諸宗教に関するキリスト教神学におけるパラダイムシフトについて解説する。キリスト教神学は時の流れとともに変化し続けている。本章では、キリスト教の歴史においてどのようなパラダイムが現れたのか、現代にパラダイムシフトが必要なのかといった問題について分析する。

4章では、救済のオイコノミアにおける宗教的多元性について考察し、救済のオイコノミアでの他の諸宗教の位置づけについてわたしの独自な考えを示そうと思う。本章では、まず、なぜこれほど多くの宗教が存在しているのか。神は、イスラエルの民のほかに全人類と契約を結んだのかということに焦点を当てる。次に、諸宗教は救済のオイコノミアのなかでどんな役割を担っているのかということについて検討していく。最後に、救済のオイコノミアにおける仲介者の問題について、具体的な例として伝統的なアフリカの諸宗教における先祖の役割とキリストの役割を比較して述べる。

5章では、デュプイの神学から理解したことを考慮して、日本での福音宣教と宗教間対話の実践について、新たな取り組みの提案を示したい。まず日本における宗教の意義、長年の諸宗教の共存を尊重しつつ、アフリカのインカルチュレーション経験をもとに、日本の文化のなかでキリスト教のメッセージをどのように伝えることができるかを考えていきたいのである。そして、宗教間対話について対話ができるさまざまなレベルを提案し、最後に現代の福音宣教に求められる教会の役割について考えていきたい。

目次

境界を越える神の救いの計画——宗教間対話の新たな地平へ

1章　神の救いの計画に対するデュプイの神学

カトリックの宣教師としてインドで過ごした三六年間、他宗教の信者や異なる信仰を持つ人々に囲まれていたジャック・デュプイ（Jacques Dupuis, 1923–2004）は、諸宗教のなかにも建設的で有益な要素が含まれていることを目の当たりにした。彼は、インドで最初に知り合った若者たちの善良さと、ヒンズー教徒の両親から受け継いだ深い敬虔の念、そして信仰に感銘を受けた。キリスト教と何の関わりもない人々が、道徳観や敬虔さにおいて、なにゆえキリスト教徒のように立派であり得るのだろうか。このようなことがあり得るのは、彼らのヒンズー教信仰を通して神がご自身を顕《あらわ》されたからであろうというふうにデュプイには映った。このようにして彼は、イエスの名を聞いたこともない人が大多数を占める世界のなかでの神の救いの計画について新たな見解を持ち始めたのである。

本章では、まず、デュプイの神学と彼の思想に影響を与えた思想家を紹介する。次に、神の救済のオイコノミアについて述べる。最後に、救済のオイコノミアとそれに関する三つの類型論を提示する。

1　デュプイの神学

1　デュプイの神学の原点と展開

デュプイは、教父たちの教えを自身の神学的考察の土台とした。彼の博士論文の主題は、三世紀の偉大な神学者、アレクサンドリアのオリゲネスの人類学についてであった。オリゲネスは、救済とはすべての魂が神と一致することと捉えたが、このような思想は、デュプイが神学的考察を始めるきっかけとなった。特に、彼は人類の歴史のなかで神のことばの普遍的存在の概念を構築する際に、オリゲネスを参照したであろう。

彼はオリゲネスのほかに、ユスティノス、エイレナイオス、アレクサンドリアのクレメンスの思想にも関心を持ち、さらに現代のカトリック教会を方向づけた第二バチカン公会議の教えを参考にした。第二バチカン公会議は、多くの神学者に新たな道筋を開いたのである。この時代、教会は自らキリスト教以外の諸宗教との関係について注意深く考察しており、救いの計画に関しては、神の摂理といつくしみは全人類に及ぶことが強調された。

デュプイは、全人類に及ぶ神の救いの計画のなかで諸宗教の意味と役割について考え始めた。宗教的多元性という現実が彼の脳裏をよぎり、人類の歴史のなかでの神の働きについて再考するきっかけとなったのである。

さらに、インドの宗教的背景は、デュプイの神学的思索にひらめきを与えた。彼の神学の根底には、イエス・キリストは人類の救い主であるが、神は他宗教のなかでも働いているという信念がある。デュプイは、救いの計画をより広い視野で解釈し直し、救いの源として三位一体を出発点とした。このことにより、諸宗教のなかで神のみことばと聖霊を通して神の働きを見ることができた。これがデュプイ神学の原点である。

デュプイは、啓示の歴史的性質と非キリスト教徒の救済に関する神学的問題点に言及し、なぜ神が人類のさまざまな共同体に対して、特定の時代に異なる方法でご自身を顕されたのかという問いかけから彼独自の神学を始めた。「宗教的多元性をどう理解すればいいのか」「宗教的多元性は、神の意図的計画に肯定的な意味を持っているのか」、そして第二バチカン公会議に沿って、近代に至るまで用いられてきた教理上の公理「教会の外に救いなし（Extra Ecclesiam nulla salus）」の原理に疑問を投げかけた。

一九九七年、彼は*Toward a Christian Theology of Religious Pluralism*（『宗教的多元主義に基づくキリスト教神学の構築に向けて』）と題した力強いエッセイで、これらの問いに答えようとした。そこで神の救済のオイコノミアにおける宗教的多元性の肯定的な意味についての核心となる疑問に取り組み、宗教的多元性が神の計画の一部であることを論じた彼は、これが神学的議論を引き起こす題材だと十分に認識していた。

神の救いの計画の実現はユダヤ・キリスト教のなかで存在感を示してきた。しかし、そうかといって神の働きがユダヤ・キリスト教の歴史の範囲内に限定しているということではない。キリスト教以前から存在するものも含め、種々の宗教との遭遇や発見により、人類の歴史はユダヤ・キリスト教の歴史をはるかに超えてさかのぼっていることに気づかされる。デュプイは、神の啓示はユダヤ・キリスト教の伝統にしばられるものではなく、他の宗教的伝統にも広げてみることができると確信していた。救済のオイコノミアにおける諸宗教の位置を考えた彼の考察は、教皇庁教理省との摩擦を生んだ。

特に、彼の代表的な著作が出版された時期、宗教的相対主義の傾向に直面していた教会は、「キリストは唯一の救いの仲介者である」というキリスト教の信仰を強調せざるを得なかった。デュプイは、キリストが全人類の救いのためにかけがえのない役割を果たしたことを信じている。と同時に彼は、キリスト教以外の諸宗教に見られる偉大な人物が、彼らのメンバーを救うために果たしてきた肯定的な役割もまた認めている。救いの歴史を通じて、神が諸宗教において何をしてきたのかということを検討しなければならない。それゆえに、キリスト教が他の諸宗教に対する否定的な態度を考え直していくことを強く勧めた。諸宗教に関して、より開かれたアプローチと、より肯定的な態度を神学的に構築しなければならない。救済のオイコノミアについて、地平を制限しつつ狭くすることを避けなければならない。そうすることによって、キリスト教のメッセージのなかに驚嘆すべきほどの新しい広さと深さを発見することができる（デュプイ『キリスト教と諸宗教』四六一頁）。このような彼独自のアプローチは、教会の教導職との間で論争を巻き起こした。

2 デュプイの神学に影響を与えた思想家

a 初代教父

初代教父、特にオリゲネス、ユスティノス、エイレナイオス、アレクサンドリアのクレメンスの神学はデュプイの思想に影響を与えた。初代教父たちは、同時代の人々から、神の救いがキリストを知らない人々にも与えられるのかどうかを問われていた。キリストがすべての人の救い主であるのなら、なぜ人類が誕生してから数百万年が経った後に世に来られたのか。キリストの到来の前に世に生きていたすべての世代の人々の救いについてはどう理解すればよいのか。このような問いかけに対して、彼らは真剣に答えを見いだそうとした。彼らは、キリストの到来の前にも、神は全人類の救いのためにすでに働いていた、と指摘したのである。

教父たちは、古代ギリシア哲学やユダヤ思想双方の知識階級の「ロゴス」、あるいは「ダバール」の探究に焦点を当て、次のような根本に関わる重大な疑問に答えを見いだそうとした。いかなる方法で「ロゴス」は全人類の救いのために働いたのか。永遠のロゴスは自身を全人類に現したのか。あるいは、「ロゴス」に関する知識はユダヤ・キリスト教的な伝承に限定されていたのか。ユダヤ・キリスト教伝承が成立する以前、あるいは宗教の伝承の外に生きていた人々は、永遠の「ロゴス」に参与することが可能なのか。あるいは、ロゴスが受肉した時に、彼を受け入れた人々にのみ限定されていたのか。

これらの問いに対して、教父たちはさまざまな視点から、神が永遠に準備した救済のオイコノミアを検討し、キリスト教以外の諸宗教（哲学）のなかにも神のロゴス（神のみことば）が働いていることを指摘したのである。

b　ヒンズー教の思想家

キリスト教が少数派であるインドで人生の大半を過ごしたデュプイは、ヒンズー教の思想家からも影響を受けた。マハトマ・ガンディー、ケーシャブ・チャンドラ・セン、スワミ・アキラナンダ、スワミ・アブヒシクタナンダは、デュプイの神学に強い影響を与えた。

四人のうち、スワミ・アブヒシクタナンダを除いた他の三人はヒンズー教徒であった。彼らは、自分たちのヒンズー教の宗教観に沿って、キリストを愛していたのである。彼らは、イエス・キリストを世界の最も偉大な師であると賞賛したが、イエス・キリストが唯一の師であるとは思わなかった。無限の権力を持つ憐れみの神は、受け入れる準備の整っているすべての時代と国々にそのような師を派遣すると、彼らは思ったのである。彼らは、釈迦や他の世界中の偉大な師のメッセージはすべて神からのものであると理解していた。イエスは他の世界の師たちのメッセージを破壊するどころか、彼らのメッセージを成就させるために来たのである。

デュプイによれば、ガンディーは種々の宗教的伝統の相互理解を望んでいた。さまざまな宗教の調和を求めようと生涯をささげた彼は、敬虔なヒンズー教徒であったが、同時にすべての宗教に対して同等の敬意を払っていた。ガンディーの祈りの集いでは、さまざまな宗教の聖典が朗読されていた。彼の思想から言えば、異なる宗教は同じ庭園に咲く美しい花々のように、壮麗な一本の木につながる枝である。諸宗教は等しく、どの宗教も神の啓示を独占することはできない。むしろ互いに尊敬し合い忍耐をもって接しなければならない。ガンディーにとって大切なことは、あらゆる宗教のなかにある真理の追究であり、諸宗教は最終的に一つにまとまるのである。かつて「あなたにとってイエスとは何者か」と聞かれたガンディーは、「わたしにとってのイエスは、人類がこれまでに得た最高の指導者の一人である」と答え、さらに「イエスは、わたしの考えでは究極の芸術家である。なぜならば彼は真実を見据え、表現したからである」と語った（Fischer, L. から引用者訳）。

ケーシャブ・チャンドラ・センもイエスへの関心と情熱をよく表していた。彼にとってイエス・キリストとは「心の光輝く宝石、魂の首飾り」であり、また「神の観念」（アイディア）として描いている。この思想はデュプイに強く影響を与えた。ケーシャブは、イエス・キリストを神に結びつけ、キリストは永遠に存在していたと述べた。世に来る前に、キリストは父の胸に「休眠中のロゴス」として生きていた。キリストを通して、世界に対する神の計画が最大限、十分に現されている。世界に対する神の計画とは、すべての人を「キリスト」にするということであり、イエス・キリストはすべての人に「神の子」の真の姿を示した。キリストの模範にならって、すべての人もキリストのような「神の子」になれる（Keshub Chunder Sen）。ケーシャブのこの思想はオリゲネスの考えを採り入れている。

世界におけるキリストの使命については、スワミ・アキラナンダもデュプイの神学に影響を与えた。アキラナンダによれば、キリストは地上に神を顕現した一つのアヴァターラ（化身／Avatāra）である。ヒンズー教におけるアヴァターラは、高い霊性を伝達し、神性を明らかにして人の生活を転換させる。キリストはアヴァターラと同様の機能を示していた。各時代、必要に応じて、神のメッセンジャーとしてアヴァターラが現れる。キリストがアヴァターラとして世に来た必要性について、アキラナンダは次のように説明した。当時のユダヤ人は極端に儀式を重んじ、多くの人々は宗教の精神を完全に失っていた。なかには自分たちの物質欲に沿わせようと聖典を捻じ曲げて解釈するユダヤ人もいた。神殿は物売り、貿易、両替商などの商取引の中心となってしまった。このような状況下、キリストはアヴァターラとして現れ、当時の人々に宗教のありさまを示したのであって、それは最も好都合な時期であった。

2　救いの計画――オイコノミア

1　「救済のオイコノミア」の概念

他の人々の救いや諸宗教の存在についての誤解は、そもそも神の救いの計画に関する理解不足に根差している。それゆえ、神の「救いの計画」を正しく理解する必要がある。全人類に対する神の計画とは私たち人間の予想をはるかに超えるほどに美しく、一人残らずすべての人を含めている普遍的なものである。

神の計画とは、人類に対する神の救済のヴィジョンである。すなわちそれは最善のものであり、将来と希望、そして平安を与えるための計画である。「わたしは、あなたたちのために立てた計画をよく心に留めている、と主は言われる。それは平和の計画であって、災いの計画ではない。

将来と希望を与えるものである」（エレミヤ29・11）とイスラエルの民に言われていたように、人間に対する神の「救いの計画」なのである。

「救い」は、キリスト教および聖書の中心的テーマであり、聖書を解く鍵である。キリスト教においては、神は「すべての人々が救われて真理を知るようになることを望んでおられ（る）」（一テモテ2・4）とされる。

「救済のオイコノミア」という語は、「人類に対する神の救いの計画の営み」を意味する。古代ギリシア語で「オイコノミア」は「オイコス（家）」と「ネモ（管理する）」という言葉を組み合わせた語である。キリスト教神学では、「オイコノミア」という用語が使用されるときには、神が主宰者として、救いの計画を望みのままに管理するということが強調される。神は、全人類の救いに関する計画を意のままに管理するのである。デュプイは、「神の救いの計画」を「神の救済のオイコノミア」と呼び、全人類に対する神の救いの営みを主張する。

問題点は、信じない人々の救いが可能かどうかということではなく、むしろ、神の救いの営みに他の諸宗教をどう位置づければいいのかという点である。人類全体に対する神の救いの計画における宗教的多元性の意味、すなわち他の諸宗教の存在、役割と目的を探求することが現代の神学の課題である。

聖書の創造物語に、すでに神の計画が示されている。創世記の著者が聖書冒頭で語るように、神が天地を創造される前には、世界は混沌（カオス）としていた。「光あれ」という神のことばが響くと光が生まれ、混沌が秩序（コスモス）あるものに変わった。同じように、他の被造物が次から次へと創造され（創世記1・1－31参照）、神は自ら創造したものを見て、「よし」とされた。すべては神の心にかなっていたということである。人間が神の秩序を崩してしまった時、いつくしみ深い神は、人間を永遠に滅ぼそうとは思わなかった。むしろ計画を立て、全人類の救いを切に意図し、準備し始めたのである。この時から全人類の「救いの歴史」が始まった。言い換えるならば、天地創造は救いの歴史の出発点である。預言者イザヤは、遠い昔に神が計画を立てたことを感謝して、次のように述べている。

主よ、あなたはわたしの神／わたしはあなたをあがめ／御名に感謝をささげます。／あなたは驚くべき計画を成就された／遠い昔からの揺るぎない真実をもって（イザヤ25・1）。

また、ヨブに語りかけた時に、神は、海の深さ、日の出そして地球の広がり、星、動物、人間などの創造をどのように設計したかを説明した（ヨブ記23～39章）。ご自分の計画に従って万物を創造したことがわかる。人類がその計画の最も素晴らしい結果である。人類が神に背いてそれぞれの道を歩んだ時に、神は全人類を救う計画を設計した。それゆえ、人類の救いの計画は全人類の歴史に及ぶのである。

神の救済のオイコノミアはユダヤ教、またはアブラハムとの契約から始まったのではない。アブラハムへの啓示とイスラエルの選びを通じての啓示以前にも、神は既に人類の歴史のなかで働きかけられていたことは明らかである。

シメオンは、神によって準備された救いの計画は、民族や宗教の境界線を越えて、すべての人を含むと預言した（ルカ2・31－32参照）。

神は永遠であり、神の救いの計画も永遠である。使徒パウロが述べたように、「すべてのものをお造りになった神の内に世の初めから隠されていた秘められた計画」がある（エフェソ3・9）。そして、その計画がとこしえに立ち、代々に続くのである（詩編33・11）。

救いの計画の立案者として、神（天地の創造主）自身が計画の遂行と完成を見守るのである。人の目には神が定めた目的地に到達するには理不尽に見える手段も、神の計画に用いられている。預言者イザヤが述べたように、神の思いは人間の思いと異なり、神の道は人間の道と異なる（イザヤ55・8）。神の救いの計画を妨げるものはないのである（ヨブ42・2－3）。神が自ら次のように述べる。

わたしは初めから既に、先のことを告げ／まだ成らないことを、既に昔から約束しておいた。

／わたしの計画は必ず成り／わたしは望むことをすべて実行する（イザヤ46・10）。

神の計画には「偶然」というものは存在せず、細部に至るまでそのなかに組み込まれている。例えば、ヤコブの子ヨセフが投げ込まれた穴が空であったのは偶然ではない（創世記37・24）。またその場面でエジプトに向かう隊商が通りかかったのも偶然の出来事ではない（同37・25－28）。すべての出来事は、諸宗教の存在も含めて神の計画の成就に整然と向かっている、と言える。

イエス・キリストは神の救いの計画の遂行における中心人物である。彼は、神の計画を理解するための鍵である。イエス・キリストの働きは人類に対する神の最も深く、最も完全で、ひと言で言えば最も人間的な神の個人的な介入を表している。とは言え、イエス・キリストは、人類の全歴史を通して営まれる神の計画の全体構想のなかで考えられなければならない。神は、キリストにおいて決定的なことばを語られる前に、人類に対して「さまざまな異なる方法」で語られていた（ヘブライ1・1参照）。

2　神の計画の基本的な特徴

a　救いの計画の所有者

「すべてのものをお造りになった神の内に世の初めから隠されていた秘められた計画」（エフェ

ソ3・9）がある。地上にあるすべてのものが創造主の所有物である（詩編24・1参照）。創造主として、神は世界とそこにある全人類のために救いの計画を所有している。この計画は特定の宗教の計画ではない。人または宗教が立てる計画であれば、それは特定の人々が宗教的儀式を執り行い、特定の宗教の規則や規定に従い、霊的悟りを得るものであろう。しかしこれらはどれも神の救いの計画には含まれない。救いの計画とは神が立案者であるから、その計画は確実で良いものであり、神だけが実現できるものである。

神の計画が実現へと向かう具体的なプロセスは予測不可能で、誰にもわからない。ヨブは、神の救いの計画を妨げることができないことを悟り、神に向かって次のように述べている。

あなたは全能であり／御旨の成就を妨げることはできないと悟りました。／……わたしには理解できず、わたしの知識を超えた／驚くべき御業をあげつらっておりました（ヨブ42・2－3）。

使徒パウロによれば、「（神の）秘められた計画」（エフェソ3・3）は、キリスト以前の時代には、人間に知らされていなかった（同3・5）。イエス・キリストの福音は、「世々にわたって隠されていた、秘められた計画を啓示するもの」である（ローマ16・25）。つまり、パウロは、救いの計画は神の主権のもとにあり、人間の都合による計画でないことを指摘しているのである。彼は、神の知恵を次のように称える。

ああ、神の富と知恵と知識のなんと深いことか。だれが、神の定めを究め尽くし、神の道を理解し尽くせよう。／「いったいだれが主の心を知っていたであろうか。／だれが主の相談相手であっただろうか。／だれがまず主に与えて、／その報いを受けるであろうか」(ローマ11・33－35)。

b　多様性を考慮に入れる

被造物の多様性、人類におけるさまざまな人種、言語、文化と宗教を観察するだけで創造主の計画には多元性が考慮されていることがわかる。神は多様性を好む。世界にある太陽と星、大空と大地、水と日、土や石など、森や林、野の草や花、地球に住む人間と動物、空に飛ぶ鳥と海に生きる魚など、つまり被造物の多様性は、神の偉大さを語る。

この世界には、さまざまな考え方や異なる価値観や宗教を持った、自分とは見解の異なる人たちが多く存在している。問題は、どうして諸国民には同じ文化、同じ神への理解、同じ宗教が与えられなかったのか。人のそれぞれの個性、考え方の違い、それは神の意志と計画によるものである。創造主は最初から異なるものが存在することを望んだのだから、多様性の意味は神の内にある。教皇フランシスコは、人種、文化、宗教などにおける「多様性」は神の望みであると断言した（回勅『兄弟の皆さん』二五九頁）。

C　神の特殊な選び

ロアノークカレッジ（米ヴァージニア）で宗教を教えるゲラルド・マックデルモット教授は必死に問いかける。なぜ真の神が、特定の時にある一部の人々だけに啓示をしたのか。多様性を好む神は、どうして一つの民族を選び、ただその一つの民を通して救いの計画を完成したのか。

普通「選び」ということばを聞けば、何かを行ったから選ばれたと思いがちである。けれども神の選びというのはご計画に基づくものであり、一方的な憐れみによるものである。特殊な選びはすべて神の主権によるものである。聖書の物語では、むしろ愚かと思われる者、弱いとされる者、みじめな者、取るに足らない者が選ばれたエピソードが多い。使徒パウロは、神の選びについて次のように語る。

神は知恵ある者に恥をかかせるため、世の無学な者を選び、力ある者に恥をかかせるため、世の無力な者を選ばれました。また、神は地位のある者を無力な者とするため、世の無に等しい者、身分の卑しい者や見下げられている者を選ばれたのです。それは、だれ一人、神の前で誇ることがないようにするためです（一コリント1・27－29）。

救いの計画を成し遂げるために神は、イスラエルの民を「自分の民として選んだ」。この選びには契約と使命が伴われる。申命記のなかだけで、神がイスラエルを選んだという表現は三〇回も出ている。その極めつけが7章6－7節なのである。

あなたは、あなたの神、主の聖なる民である。あなたの神、主は地の面《おもて》にいるすべての民の中からあなたを選び、御自分の宝の民とされた。主が心引かれてあなたたちを選ばれたのは、あなたたちが他のどの民よりも数が多かったからではない。あなたたちは他のどの民よりも貧弱であった。

神の選びの基準は人間の基準と異なる。エッサイの息子たちを前にしたサムエルのように、人間は外見や良い成績などの基準で選ぶが（サムエル上16・7）、神の選択の基準は違う。人間の側には神の選択を決定できるものは何一つない。すべては、神の主権の側にあり、御心によるものである。

イスラエルが選ばれた理由は、神の一方的な無条件な至高の愛である（申命記7・8）。

もしわたしの声に聞き従い／わたしの契約を守るならば／あなたたちはすべての民の間にあって／わたしの宝となる。／世界はすべてわたしのものである。／あなたたちは、わたしにとって／祭司の王国、聖なる国民となる（出エジプト19・5－6）。

しかし、自分たちが選ばれたからといって、他の民族の人々は神のものではないと思ってはいけない。なぜなら、「世界はすべてわたしのものである」と神が主張したからである。つまり、神が「地上の氏族はすべて／あなたによって祝福に入る」（創世記12・3）とアブラム（アブラハム）に言われた通り、神によるイスラエルの選びは、全人類にとって祝福となることを意図している。

神のご計画のために選ばれ、道具とされたのはイスラエルの民だけではない。神の計画の遂行においては、イスラエルの民以外の人々も道具とされたのである。神が性別や人種、国籍や所属する宗教などを超えてご自分の目に正しいと思われる者を用いるのである（エレミヤ27・5）。バビロンの王ネブカドネツァルは、神の僕《しもべ》と呼ばれ（同27・6）、ペルシアの王キュロスは「主が油を注がれた人」と呼ばれた（イザヤ45・1）。エジプトの王ファラオについて、神は、「わたしがあなたを立てたのは、あなたによってわたしの力を現し、わたしの名を全世界に告げ知らせるためである」と言っている（ローマ9・17）。神は、他の民を用いることをイスラエルに知らせた。「見よ、わたしはカルデア人を起こす。／それは冷酷で剽悍《ひょうかん》な国民。／地上の広い領域に軍を進め／自分のものでない領土を占領する」（ハバクク1・6）。さらに、アッシリアは神にとって「わたしの怒りの鞭……わたしの手にある憤りの杖だ」となった（イザヤ10・5）。

d　究極目的である「神の国」

神の計画において「神の国」は究極目的である。聖書全体は、この目的について述べている。旧約聖書のダニエル書では、国を建てる神の計画（ダニエル2・44）について述べられているが、イエス・キリストの場合には、この国自体が現実であり、その王は、キリスト自身であることが明らかになる（ヨハネ18・36－37）。

神の国はキリストの最初の到来とともに世に降りてきて、キリストの再臨で完全に実現する。洗礼者ヨハネは、「悔い改めよ。天の国は近づいた」（マタイ3・2）と呼びかけた。イエス・キリストも同じメッセージを伝えたが、洗礼者ヨハネよりも「神の国（天の国）」をご自身の教えの中心テーマとしたのである。イエスは、救いと神の国に入ることを同一視し（マタイ19・16、23－24）、救いを失うことは、神の国を拒絶することだと説明した（ルカ13・28）。イエスとともに十字架につけられた罪人の一人が叫んだことばは、福音を見事にまとめている。「イエスよ、あなたの御国においでになるときには、わたしを思い出してください」（同23・42）。このように、神の国のメッセージの中心は、イエス・キリストにおける神の啓示の一環であったことがわかる。

　現代のカトリック神学では、神の国と教会の関係についてさまざまな議論が行われている。救済のオイコノミアにおいて、「神の国」と「教会」は、親密につながっている。デュプイはこのつながりを認めると同時に、彼は「神の国」と「教会」を区別する。救いの計画は全人類のためにあるように、「神の国」も教会をはるかに超えてすべての人のために計画されている。

　教会が神の救いの計画のなかで重要な役割を果たしていることは、第二バチカン公会議の教えでもある。伝統的な神学は神の国と教会を同一視し、教会は単純に神の国として定義されていた。デュプイは、神の国と教会ははたして同一なのか、それとも差異があるのかと問いかけた。聖書で「教会」と訳されたギリシア語「エクレーシア」は、「キリストの福音を信じる人々の集会」、または「集まり」を意味する。神の国は、教会よりも広範な概念である。

　聖書の記述では、教会と神の国は同一であるという考えはない。イエスが宣言していた神の国と教会とは、もともと同じものではなかった。イエスの宣教の仕方が示しているように、神の国というのは人種や民族や宗教という人間的な境界線を越えていく。そもそも新約聖書は神の国を教会に置き換えることをしない。「神の国」について述べられたことを「教会」に適用すれば、教会の位置と役割を誤解してしまう（キュンク『教会論』〔上〕一四五頁）。教会は「神の国」の実現のために使われる道具である（教皇ヨハネ・パウロ二世回勅『救い主の使命』18項）。つまり、救済のオイコノミアにおいて、教会とは神の国に奉仕し、それを育てるのを助けるためのものである。教会はこの世において神の国の現存の証人となり、あらゆる人に「よき知らせ」をもたらすべく意図されたものである。

3 救いに関する三つの類型論とそれに対するデュプイの見解

救済のオイコノミアにおいてキリスト教、とりわけローマ・カトリック教会は、二つのテーゼを強調している。第一はイエス・キリストがかけがえのない救い主であり、イエス・キリストを通さなければ、誰も救われることができないというものであり（ヨハネ14・6、使徒言行録4・12参照）、第二はすべての人が神によって救われる、つまり「神の全人類の救済意志」である（一テモテ2・4－5参照）。

これら一見互いに矛盾するように見える二つのテーゼがいずれも聖書に立脚しているということは、これらがともに満たされる状況が存在しうるということを示す。しかも、この表面的には矛盾するかのように見える二つの教義をともに取り込んだ思潮が、第二バチカン公会議以降のローマ・カトリック教会の神学、ないし思想の主流となりつつある（『キリスト教と諸宗教』四七七頁）。

しかし、この思想が定着するまでには、周辺に多くの疑問や反対を引き起こさざるを得ない。まず聖書によれば、「救いは、イエス・キリストを通してのみ与えられる」と宣言されているので、他の宗教における救済者（saviors）とイエス・キリストとの関係はどうなのかが問題となる。

この点については、救いのあり方をどのように考察するかによって、三つの類型（カテゴリー）が取り上げられる。すなわち、排他主義（exclusivism）、包括主義（inclusivism）、多元主義（pluralism）である。

また、別の神学者は上の類型論とは違う観点から、「諸宗教に反対するキリスト」（Christ against religions）、「諸宗教を超えるキリスト」（Christ above religions）、「諸宗教の横に立つキリスト」（Christ beside religions）という分類を提唱する。

これら三つの類型論はいずれも複雑な問題に見通しを与えるという点で評価できるが、類型論のアプローチには限界がある。この分類はキリスト教神学の分野で考えられた類型であるが、他の宗教にも見ることができる。

1　排他主義

「排他主義」はキリスト教と非キリスト教、教会の内と教会の外、天国と地獄といった二元論的区分を強調する。またこれは諸宗教との間に「質」的な相違を前提とする立場に立つ。この類型において、救いは自宗教においてのみあると主張される。それは、一つの宗教だけが「真実」であるという教義である。

アリストテレスの真理の概念に基づき、排他主義者は「真理は一つで、他のものは虚偽であり無効である」と主張する。イエス・キリストにのみ「真理」（ヨハネ14・6）と「救い」（使徒言行録4・12）があるため、キリスト教以外の宗教には真理も救いもない。

英国の神学者であるジョン・ヒックが述べたように、排他主義は、救い・解放を一つの特定の伝統に限定するものである。したがって、この一つの特定集団に救いを限定し、他は、救いの領域からはずす、あるいは明らかに排斥する、ということが一つの信仰箇条になるわけである（ヒック『宗教多元主義』六五頁）。

排他主義の主張は、聖書の権威に基礎づけられている。ローマ・カトリック教会によれば、「聖書の中に文字となって含まれ露わになっている、神から啓示されたものは、聖霊の息吹によって書き留められている。……聖書は、神がわれわれの救いのために聖なる書として書き留められることを欲した真理を堅固に忠実に誤りなく教えるものと公言しなければならない」（『神の啓示に関する教義憲章』〔以下『啓示憲章』〕11項）。

プロテスタントの諸教会では、「聖書のみ」（sola Scriptura）が強調されている。しかし、デュプイは、聖書以外の他宗教の「聖なる書物」のなかにも、聖霊の働きかけと神によって語られたことばが含められているのではないかと問いかける。

排他主義的な考え方の最たる例証は、ローマ・カトリック教会の古来の教理「教会の外に救いなし」であり、またこれに呼応する「キリスト教の外に救いはなし」というプロテスタント教会の海外宣教活動のための標語である。

この教理に従って、ローマ・カトリック教会とプロテスタント教会は、長期間にわたって他宗教に対して排他的な立場を貫いてきた。第二バチカン公会議以降、ローマ・カトリック教会の神学者たちはもはや「教会の外に救いなし」という排他主義的な立場を取らない。プロテスタント教会も、「信仰を異にする人々にも神は同様に愛と恵みを与えておられる」と教えるようになった（ヒック、前掲書二六五頁）。

2　宗教的包括主義

「宗教的包括主義」とは、他の宗教の存在価値を容認するが、自らの属する宗教の立場を優位に置く立場である。他の宗教は部分的には正しいとされるが、全体としては間違い得るとされる。「通常は、自分の所属する団体の立場の中心性を確保しながらも、他の団体を同心円状に関連づけて全体を包括するかたちで理解する立場のことである」（『キリスト教と諸宗教』四九四頁）。

この見解を持つ人たちは救いをキリストに根拠づけ、イエス・キリストにおける救いが教会の境界線を越えて諸宗教の信者たちにも与えられると主張する。彼らの考えでは、諸宗教の信者たちがキリストの救いの恵みを認識しなくても、その救いを得る可能性がある。

第二バチカン公会議以降のローマ・カトリック教会の立場は包括主義的立場であり、同教会のほとんどの神学者が立脚している立場でもある。[1] 第二バチカン公会議は、イエス・キリストを知らない人々であっても、「聖霊が神に知られている方法で」キリストによる救いにあずかる可能性があると教える（『現代世界憲章』22項）。

この考え方の代表的な思想家としては、カトリック神学者カール・ラーナーが挙げられる。ラーナーの「無名のキリスト者」の概念は「包括主義」の立場をよく表している。ラーナーによると、「無名のキリスト者」は明確に意識してキリスト教の信仰告白をしないが、実際にはキリストによる神の恵みにあずかって生きている人である（ラーナー『キリスト教とは何か』二二九頁）。これは、キリスト教信仰を持っていない人、ムスリム、ユダヤ教徒、ヒンズー教徒であっても、キリストによって救われるということである。

ラーナーの「無名のキリスト者」の概念は、原理上は普遍的な包括主義的立場に達しようとする勇敢な試みであるが、ジョン・ヒックは、この概念は古い排他主義的ドグマを拭い去ってはおらず、伝統的な「教会の外に救いなし」のドグマに結びついていると言う。

またハンス・キュンクも、ラーナーの「無名のキリスト者」の概念は「教会の外に救いなし」

理論を守ることを意図した神学的言い換えであると批判する。つまり、ラーナーの「包括主義的」な概念は、まるで穏やかな排他主義に他ならないと思われる。

3　宗教的多元主義

「宗教的多元主義」の代表的な思想家としては、先述のジョン・ヒックが挙げられる。ローマ・カトリック教会のニコラウス・クザーヌスやポール・ニッター、プロテスタントのパウル・ティリッヒ、ルター派のエルンスト・トレルチなども同様の立場に立っている。

多元主義者たちによれば、「宗教が異なっても、また礼拝が異なっても、本質的に異ならないものがある。それは、宗教者や礼拝者がより高い実在に向けて心を開いているという事実である」（星川啓慈／山梨有希子編『グローバル時代の宗教間対話』二四八頁）。「ヤハウェ」「アラー」「シヴァ」「三位一体」「ムロポ」「マウェジャ」「ムング」「空性」など、異なる救いのコンテキスト内でのさまざまな表現は、究極的には同一の神的実在、究極的実在を指している。

救いに関して、宗教的多元主義は救いに導く多様な道を認め、ジョン・ヒックはこの見解を特に主張する。彼によれば、「救いの道、解放への道がただ一つしかないというのではなく、その道が多数ある」ことを認めるべきである。諸宗教は、「どれも人々がそこに救い・解放・完成を見出すことのできる救済論的『場所』、あるいは『道』、とみなされるべき」ものなのである（ヒック、前掲書七〇、八九頁）。

4 デュプイの包括的多元主義

「宗教的多元主義」（religious pluralism）は、キリスト教神学において新たな問題であり、最近では「諸宗教の神学」で扱われる研究テーマのほとんどがこの影響の下で展開されるようになってきた。

デュプイは諸宗教の研究に関して、キリスト教神学の焦点が変わったと認識している。キリスト教神学は、アンセルムス的な定式「知解を求める信仰」に従って、諸宗教の意義の理解を求めている。神学的研究の目的は、個人的な救いの問題と並んで、神の救いの営みにおいて宗教が多元的であるということの意義は何かということの探究である。神の救いの営みにおいて、諸宗教の多元性（religious plurality）は神の救済が行われる際に何か特別の働きか役割を果たしているのだろうかという問題を探究するために、デュプイはキリスト教神学に新しい方法を提示する。

デュプイにおいては、「多元主義」（pluralism）と「多元性」（plurality）が同様の意味で用いられる。ただ、彼の神学的アプローチでは、宗教の多元性は単なる「事実として」のみならず、当然の帰結として、もしくは多元性に至らざるを得ない原理として論じられている。

彼は全人類に対する神の計画において、諸宗教の多元性がはたして積極的な意義を備えているかどうかを論じるのである。

このアプローチによると、究極的には神の救いの計画そのものが、どのようなものであるかを探究することになる。なぜなら、神の救いの計画が宗教の多元性の根本原因となっているためである。

今日の神学は、この課題について研究すべきである。教皇庁教理省もこの必要性を認めている。教皇庁教理省の『宣言 主イエス』は、今日の神学はキリスト教以外の宗教が存在することを認識し、それらの宗教が、神の救済計画のなかでどのような意義を持つのかを考察しなければならないとしている（14項）。

デュプイにとって、宗教的多元性は確固とした土台に根差している。彼によれば、宗教的多元性の基本的な基盤は、人間の側の神探求の努力にあるのではなく、神の自己顕現（啓示）のなかにその源があるのである。それゆえ、宗教的多元性は当然のものとしてある。

宗教的多元性の第一の基本的基盤は、三位一体の人類に対する神の自己啓示の計り知れない豊かさと多元性にある。つまり、「多くの様々異なる方法をとおして」なされる神の自己交流の主導性が、諸宗教の多元性の起源に置かれている（『キリスト教と諸宗教』四五四頁）。

デュプイは、宗教的多元性を三位一体の神の内に見いだされる満ちあふれる交流の本質に結びつける。宗教的多元性は、神の表現不可能な雄大さの上に基礎を置いている。彼は「三位一体の働きを土台としたキリスト論」、そして「聖霊の働きを中核とする神学」のモデルの上に独自の神学を基礎づける。この神学的アプローチは、あらゆるタイプの他宗教理解（排他主義、包括主義、多元主義）の難点を克服することができる。

デュプイが提供している神学を要約すれば、最も適切な表現は「多元的包括主義」(pluralistic inclusivism)、あるいは「包括的多元主義」(inclusivist pluralism) となる。

教皇庁教理省は、諸宗教に関する救済問題へのアプローチに関して、デュプイがカトリックの信仰の範囲内にとどまろうとする試みを認めたが、彼の神学は他の宗教に対してあまりにも寛容すぎると受け止めた。それゆえ、彼の傑作である *Toward a Christian Theology of Religious Pluralism* に対して、長期間にわたる査問を行ったのである。教理省が結論を出すまでにほぼ二年八カ月を要したが、その結論として出された「告知書」には、結局、デュプイの著作のなかに教義上、もしくは神学上の誤りがあるとの非難は載っていなかった。しかし、その「告知書」に対してデュプイは、教理省が彼の著作の意図を誤って解釈していると抗議し続けた。

デュプイが亡くなる前に出版した最後の著書『キリスト教と諸宗教――対決から対話へ』のなかでは、教皇庁教理省の懸念事項に対応して以前の著書にあった曖昧さを避け、キリスト教の啓示と伝統をより深く掘り下げたデータを示して自身の立場をより明確にした。

教理省からの「告知書」で拒否された神学的見解とデュプイの著作の実際の内容との間にはギャップがあると結論づけることができる。デュプイは、教皇庁教理省の「告知書」で自分の神学的思想が正しく理解されていないことを認識した。一方で「告知書」は、デュプイの著書のどの箇所が教理省の見解と違っているかを明確に指摘することができなかった。

教理省は、デュプイの包括的な宗教的多元性と彼の三位一体的なキリスト論の立場のニュアンスをよく理解していなかったかもしれない。教理省は多元的相対主義者であるジョン・ヒックの見解をもとにデュプイの著書を読んでいた可能性があり、そのため彼らはデュプイの見解を誤解したとする意見もある。

デュプイは、これまでの歩みと努力を振り返って次のように言っている。「インドであれローマであれ、わたしが常に確信している信仰、特にイエス・キリストの人格と秘義について経験したことを学生たちと分かち合おうとしてきた」(Dupuis, 2003, p.170 から引用者訳)。

4 まとめ

確かに、デュプイの神学の中心には、諸宗教の伝統と宗教的多元性の現実に即した自身の経験がある。彼の神学は、この二点に関してキリスト教に適用できる言語を見つけようとしたのである。

一つ目は、ナザレのイエスのみに受肉した神のことばの啓示は、人類に与えられた神の賜物であり、これが凌駕されることはあり得ないという信仰を再確認することである。ナザレのイエスにおける救済の出来事は、全人類のために、「ただ一度起こった」のであり[2]、それは現代まで継承されてきた歴史のなかで人類のすべての世代に働き続けている。

第二バチカン公会議と同様に、デュプイにとってイエス・キリストとは、神ご自身の人類に対する自己顕現の頂点を体現している。イエス・キリストにおいて、神は決定的なことばを人類に対して語られ、人類と世界の救いの秘義はイエス・キリストにおいて体現された。イエス・キリストにおける神の啓示は唯一無比であり、聖なる啓示の歴史のなかで、いかなる者の追随をも許さないほどに卓越したものである。

二つ目は、神の啓示、すなわち神の真理と知恵、および救済のオイコノミアは、イスラエルの歴史とキリスト教の歴史に限定されず、他の宗教や文化にも積極的であったことを提案する。デュプイは、肯定的な考え方をもって、他の伝統のなかにも、それぞれの民の歴史のなかにも神的な介入として解釈する預言的なことばが含まれているかもしれないと言う。デュプイの神学と見解をよりよく理解するために、次章では、諸宗教に対するキリスト教の態度を概観する。

2章　異なった宗教・宗派に対するキリスト教の態度
——聖書の寛容と不寛容

宗教的多元性の問題はキリスト教よりも古い問題である。キリスト教が誕生する前に、さまざまな記者が旧約聖書を通して神々の存在について論じていたが、彼らは多くの宗教が存在するという事実よりも、彼らが信じていた神「ヤハウェ」と他の諸宗教が信じていた神々について焦点を当てていた。

歴史上、キリスト教は異なった宗教・宗派に対してどのような態度をとってきたのか。キリスト教は他の諸宗教に対して常に無関心、または不寛容であったのか。本章では、三つの時代に焦点を当てて、異なった宗教・宗派に対するキリスト教の態度を見ていきたい。まずイエスと初代のキリスト者（使徒教会）の態度を紹介するが、その前に彼らが旧約聖書からどのような影響を受けたのかについて確認したい。次に、現代のローマ・カトリック教会の態度に影響を与えた二－三世紀の初代の教父たちの態度と神学的アプローチについて論じる。続いて異教徒の救いに関してキリスト教において最も論議の的となった「教会の外に救いなし」という教義の展開に焦点を当て、最後に第二バチカン公会議の刷新的姿勢を提示する。

1　旧約聖書の影響──不寛容と寛容の態度

ユダヤ教の経典である旧約聖書は、ユダヤ教の神学的基礎であると同時に、生活上の実践的マニュアルであった。したがって、異なった宗教・宗派への対応においても、ユダヤ人は旧約聖書の指示に従おうとしたのである。

旧約聖書の物語に登場する人物にはイスラエル人のほか異邦人も含められている。そもそもイスラエル人の先祖はセム系の遊牧民であった。セム系の遊牧民がメソポタミアから西へカナン、ネゲブ砂漠、エジプトに移動するという現象は古代においては何度も起こった。そのような移住は紀元前一五〇〇年ごろに起こり、イスラエル人の偉大な先祖アブラム（賞賛された父という意味）が恐らくそのなかにいたと考えられている。旧約聖書の記述では、ノアの息子たちの系図はこのアブラムで終わる（創世記11・26）。彼は、神から改名が命じられてアブラハム（多くの民の父という意味）となった。一神教の信仰の父と呼ばれるアブラハムは、昔、父親のテラの家にいた時に他の神々を拝んでいた（ヨシュア24・2参照）。彼は、「あなたは生まれ故郷／父の家を離れて／わたしが示す地に行きなさい」（創世記12・1）という神の呼びかけに応答して父の家を出たと同時に、偶像崇拝の宗教から離れたのである。アブラハムは、故郷のカルデアのウルを出発してカナンの地に移住した。カナンの地で食糧が不足すると、彼の子孫は、北シリアのハランからカナンを通ってエジプトに至るまで転々と移動した。そして彼らは族長ヤコブ（アブラハムの孫）の別名であるイスラエルの名で知られるようになった（同32・28）。

アブラハムを含めてイスラエルの民は、天地創造主の神「ヤハウェ」とその救いの計画を徐々に発見し、一神教の信仰を育んでいったのである。

1　「ヤハウェのみ」、ねたみの神

歴史的に、イスラエルでは唯一かつ普遍的な神への崇拝は最初からあったものではなかった。聖書の記者たちは、イスラエルの先祖たちが神々に仕えていたことを認識していた（ヨシュア24・2参照）。時代の流れとともにイスラエルの民の信仰の対象は変化し、一神教への信仰はゆっくりした過程のなかで形成された。

最初、彼らは他の神々の存在をはっきりと否定しなかった（列王記下18・33、19・12、歴代誌下32・13／17、イザヤ36・18、37・12参照）。むしろ、彼らの民族の神「ヤハウェ」に集中するために他の神々を崇拝することをやめたのである。今日私たちが思い浮かべる一神教は、紀元前六－五世紀ごろにイスラエル人の間に現れたものであり、この信仰の変化は、特定の歴史的背景の一部である。それは紀元前五八七年、エルサレムの神殿がバビロン王ネブカドネザル二世の軍隊によって破壊されたことである。この危機において、イスラエルの民が散らされ、国の王族が滅んだのと同じく、民族の神も消滅の危機に瀕していた。バビロン捕囚危機のさなか、聖書の記者たちはイスラエルの歴史を振り返り、書き換えを行った。すなわち「唯一の神」「救い主」という考え方が必要とされるようになり、もともと「民族の神」であった「ヤハウェ」は、世界の全歴史を支配し、イスラエルの民を救う神とされたのである。

この信仰がますます固まり、神「ヤハウェ」は「イスラエル人のみ」を救い、かつ他の宗教の神々を優にしのぐ偉大な力を持つとの確信が生じるようになった。

また、他宗教にしばしば見られた偶像崇拝や宗教的混乱、また性的な宗教習慣に対する軽蔑・嫌悪もあり、その結果、卓越した「ヤハウェ」の庇護下にあって、イスラエルの民は他民族に対して優越していると考えるに至った。「ヤハウェ」の前では他宗教の神々は劣等なものであり、軽視ないし無視してもよいと考え、そのように振る舞うに至った。神々のなかにあって「ヤハウェ」が偉大であることは、イスラエルの民の信仰になった。モーセの「海の歌」（出エジプト15章）は、このことを表している。

主よ、神々の中に／あなたのような方が誰かあるでしょうか。／誰か、あなたのように聖において輝き／ほむべき御業によって畏れられ、／くすしき御業を行う方があるでしょうか（出エジプト15・11）。

また、ソロモン王は「ヤハウェ」のために最初の神殿を建てようとしたときに、イスラエルのこの信仰を言い表した。

わたしが建てようとしている神殿は大いなるものです。わたしたちの神はすべての神々にまさる大いなる方だからです（歴代誌下2・4）。

旧約聖書の多くの記者たちは他宗教の「神々」を「ヤハウェ」（天地創造主）に反抗した悪魔や堕天使に結びつけ、諸民族の神々（偶像）崇拝は神の怒りの原因と見なされたため（レビ17・7、申命記32・16－21）、偶像崇拝は聖書のなかで繰り返しとがめられている。

どうして「ヤハウェ」は他の神々に対する崇拝を怒るのかといえば、神ご自身が「ねたみ」の神だからである（出エジプト20・5）。それゆえイスラエル人は「ヤハウェ」のねたみを招くことを恐れて、他の宗教の神々の礼拝を絶対的に禁止したのである（同34・14）。

「ねたみ」ということばを聞くと、劣等感を抱いている人、つまり他人の容姿、配偶者、地位などをうらやむ人を思い浮かべるかもしれない。なぜイスラエルの神は「ねたむ神」と言われるだろうか。神のねたみと人間のねたみとは違う。人間のねたみの根源は、怒り、羨望、不足と誇りであるが、神のねたみは神の善良さに反するものではない。むしろそれは、神自身の正義と独占的な愛の現れである。聖アウグスティヌスが述べたように「嫉妬がなければ愛はない」のである。ねたむ神であることは、人間を偶像崇拝から守りたいという愛の現れである。

そもそも神のねたみに関して使用されているヘブライ語の単語は「エルカナ」であり、日本聖書協会共同訳と口語訳では「妬《ねた》み」、新共同訳では「熱情」、岩波訳（岩波書店から刊行された委員会訳聖書）では「熱愛する」と訳されている。原語は「献身を必要とし、競争を許さない」という意味である。前述の通り、実際、出エジプト記では、ヤハウェは自分の名前が「熱情」であるとさえ主張されている。「ヤハウェ」のみ、唯一の真の神という信仰は一神教に至った。

神々の存在が否定されるようになったがゆえに、聖書は諸民族の宗教と礼拝されるものに対して不寛容である。特に旧約聖書は、例外的に好意的な記載（ミカ4・5）もあるが、諸民族や諸宗教の礼拝に対して、一般的には排除的・敵対的であると言える。

極端な例として、ほかの神々を礼拝する異民族の殲滅《せんめつ》を命じる記載がある（申命記13・12－18、列王記下23・19－20）。申命記7章と20章16－18節が命じる行動も極端なものである。カルメル山で起こったエリヤとバアルの預言者の戦いの例もこのような不寛容な態度を反映している（列王記上18章）。

以上において、ユダヤ人の信仰（旧約聖書）が異教に対しては、基本的に敵対的・抑圧的・不寛容であったことがうかがわれる。しかし、「ヤハウェ」への信仰に際しての不寛容、さらに暴力の行使は、本来神の意志ではない。

旧約聖書の学者の多くは、申命記7章のような箇所に見られる神の名のもとでの暴力は、歴史的な現実を表していないとする。それは、むしろ紀元前七世紀に生まれた神学の流れ、すなわちイスラエルの民の間に行われていた偶像崇拝に反対する神学の流れである。この流れは、ヤハウェがイスラエルの民にカナンの地に住んでいた異教の民を絶滅させるよう命じたというフィクションを生み出したが、実際には、イスラエルはそのようなことを決してしなかった。

問題は、旧約聖書に見られる不寛容と暴力が神によって正当化されたかどうかである。昔も今もそうであるが、人間には自分の信仰の名のもとに暴力を正当化しようとする傾向があり、イスラエルの民もまた例外ではない。創世記の創造物語によれば、暴力は神の計画に含まれていない

（創世記4・10－11、9・5－6参照）。聖書における最初の兄弟殺しに見られるように、どのような殺人も人類を一つの大家族に結び合わせる霊的な親族関係への侵犯である。どんな理由でも、「隣人に向けられるあらゆる暴力行為の根底には、悪しき者『最初から人殺し』（ヨハネ8・44）だった者の『考え方』にくみする心根があります」（教皇ヨハネ・パウロ二世回勅『いのちの福音』8項）。

2　唯一の神、救いの普遍性

イスラエルの民はヤハウェを自分たちのみの神であると信じていたが、彼らは「どの民もおのおの、自分の神」を持っていた（ミカ4・5）とも考えていたため、全世界を治める唯一の神（ゼカリヤ14・9参照）の信仰に至るまでは時間がかかった。彼らは、神によるイスラエルの選びの意味を適切に理解しておらず、救いに関しても狭い考えを持っていた。しかし、神は常に、「世界はすべてわたしのものである」（出エジプト19・5）と述べ、アブラハムに対して「地上の氏族はすべて／あなたによって祝福に入る」（創世記12・3）と約束したのである。この約束はイサク（同26・4）、ヤコブ（同28・14）という他の偉大な族長たちにも繰り返しなされている。ヤハウェは世界の神であるがゆえに、地上のすべての民族の救いを望んでおられるのである。

聖書の記述では、ヤハウェは、イスラエルの民に預言者を遣わしたように異邦人（他の民族）

の地にも預言者たちを遣わした。恐らく、聖書の世界に言及されていない他の民族に遣わされた預言者や知恵ある者もいると思う。

異邦人の地に遣わされた預言者は以下のようである。オバデヤはエドムに遣わされ（オバデヤ1・1）、ナホムはアッシリアに遣わされた（ナホム1・1）。ゼファニヤはカナンとエチオピアで預言し（ゼファニヤ2・5／12）、アモスとエゼキエルはアンモン、フェニキア、エジプト、そしてエドムの人々に主の裁きを伝えた（アモス1・3〜2・3、エゼキエル25・2、27・2、29・2、35・2参照）。そしてヨナは、ニネベとアッシリアの人々に悔い改めを説き勧めるようにと送られた（ヨナ1・2）。

ヨナは、旧約聖書のなかで最も有名な「外国人への宣教師」であり、かつて神から逃げようとした預言者である（ヨナ1・1－3）。イスラエルの敵をゆるす神に対してヨナは怒ったが、ヨナのこの態度は、異教の民族に対するイスラエルの民の一般的な反応であった。しかし、神がイスラエルの民を選んだのは、地上のすべての人に祝福（救い）をもたらすためであり（創世記12・3）、他の国々への光となるためであった（イザヤ49・6）。ヨナも含めて、イスラエルの多くの人はこの目的を忘れていた。ヨナ書が書かれたのは、イスラエルの人々に諸民族に対する態度を改めさせるためであったとされる。

イザヤ56章では異邦人の救いについて言及されている。「わたしは彼らを聖なるわたしの山に導き／わたしの祈りの家の喜びの祝いに／連なることを許す。／彼らが焼き尽くす献《ささ》げ物といけにえをささげるなら／わたしの祭壇で、わたしはそれを受け入れる。／わたしの家は、すべての民の祈りの家と呼ばれる」(7節)。神は異邦人を選ばれた民に加えることを述べる。「追い散らされたイスラエルを集める方／主なる神は言われる／既に集められた者に、更に加えて集めよう、と」(8節)。すでに集められた者とはユダヤ人のことであり、さらに集めて加えられるとは、異邦人のことである。

　預言者マラキは、異邦人の礼拝は神に向けられていると示唆している。

> 日の出る所から日の入る所まで、諸国の間でわが名はあがめられ、至るところでわが名のために香がたかれ、清い献げ物がささげられている。わが名は諸国の間であがめられているからだ、と万軍の主は言われる(マラキ1・11)。

　また、異国の祭司であり預言者でもあるバラムの話も挙げられる。彼の託宣の物語は民数記に記されている(民数記22～24章)。異教の祭司でありながらも、彼はメシアの到来を預言し(同24・17)、他の箇所では、神の民を祝福したことが記録されている(申命記23・5－6、ヨシュア13・22、24・9－10、ミカ6・5、ネヘミヤ13・2)。

これらの聖書の記述に照らして、神は唯一であり、その救いはすべての人に及ぶと理解できる。

2　イエスと使徒時代の教会の態度

1　ユダヤ教に対するイエスの態度

イエスは、ユダヤ教の聖典である旧約聖書を極めて高度に理解していたことに疑いはない。イエスは、ユダヤ教の教えと習慣を守ったラビとして生きたと言える。

イエスの教えがユダヤ人、特にその宗教的特権階級の目には、過激で秩序を転覆させる思想と映ったであろうが、イエスが旧約聖書の教理を変更する意図を持っていなかったことは大事である。

そもそも旧約聖書は、預言者を通して神から与えられた教理を集積させたものであるから、神の計画がそのまま反映されているはずである。ところが、さまざまな歴史的な事柄を経るにつれて旧約聖書、ないしその解釈や理解に歪みが生じるに至った。[1]

イエスは、この歪みを正す目的で神から遣わされたとはっきり自覚していた。このことは新約聖書の各記載から読みとれるし、またそのように明言していた（マタイ5・17）。これが「聖書の完成」である。

それでは、「完成」ないし「純化」とは具体的にはどのようなことを指すのであろうか。

第一の点は、人間と神との関係性が歪んで伝えられていたことであろう。すなわち、ユダヤ教のなかにあっては、人間は神を「恐るべき者」「怒りをなだめるべき者」と考えて、ひたすらその怒りを招かないようにと心を砕いた。犠牲を献げたり、安息日の掟を細心の注意をもって守ったり、無意味なまでに些末な掟を守ることなどは、その現れである。イエスはこの神と人間との関係に働く原理を、元来の考えに戻そうとしたのである。

繰り返すと、ユダヤ教において神と人間を結ぶ原理は「恐怖」ないし「畏怖」であったが、イエスはこれを改めて、神と人間の間は「愛」と「憐れみ」によって結ばれていることを教え、その本来の姿に正そうとしたのである。

事実、すべての福音書には、愛といつくしみの主題が横溢し、神からの愛、神への愛、人間同士の「愛」が、神と人間との関係、人間同士の連結の原理であることを感得させる（ルカ10・27－37、17・11－19、マタイ8・5－13、21・43、ヨハネ4・23参照）。例えて言えば、「愛」のモチーフが通奏低音のように、初めから終わりまで流れている。このことは、特にヨハネによる福音書において著しい。

二番目に、従来ユダヤ人は、神の救いは自分たちが独占的に享有すると考えていた。しかしイエスは、神の救いは全人類に及ぶと語った。しかも、神の国は当時のユダヤ教の指導者たちから

「取り上げられ、それにふさわしい実を結ぶ民族に与えられる」と述べたのである（マタイ21・43）。これは当時のユダヤ教徒にとってまことに驚くべき教えであった（マタイ5・45－48参照）。ユダヤ人が神を独占するいわれはないのであって、イエスが「唯一の神は全人類の神である」と正したのは、まさに正統への回帰であった。

2　ユダヤ教神殿での差別に対するイエスの態度

イエスは、基本的には生活様式、宗教的習慣などにおいてユダヤ人であった。まず、古代から現在に至るまで、ユダヤ人の心には神殿が抜きがたく存在しているが、これはイエスにおいても同じであった。[2]

イエスはイザヤ書の記載を引用して、神殿の境内を「わたしの家」「祈りの家」と呼んだことがあるが、これもイエスが生粋のユダヤ人的な心情を持っていたことの現れであろう。

イエスが定期的に行ったエルサレム巡礼もユダヤ人として当然のことであったろうし、神殿から商人を追い出したことも、ユダヤ人が持つ神殿に対する畏敬と愛着の心の現れであろう（ヨハネ2・13－14、5・1／14、7・1／10／14、8・2、10・22－23、『カトリック教会のカテキズム』583項参照）。

イエスは神殿から商人を追い出したエピソードがすべての福音書に記されているが、この象徴的な行動はイエスのユダヤ教に対する態度をよく表している。ヘロデの神殿の境内には、それぞれの異なる目的に合わせて独立した四つの「中庭」があった。それぞれ異邦人、女性、イスラエル人（または男性用）、そして司祭の中庭というふうに区別されており、「異邦人の中庭」は「神殿の外の庭」（黙示録11・2）と言われている。

異邦人の中庭はいちばん外側に近く、非ユダヤ人が入ることを許された唯一の場所であった。この場所は神殿の一角ではあったが、礼拝所よりいくばくか下位のものとされていた、言わば不浄とされた人々のための場であり、参拝者はそこで両替をし、いけにえのための動物を買うことができた。そこは異なる民族の出会いの場所であり、文化、言語、宗教に関係なく誰でも往来ができ、留まることもできる多様性の場であった。この場所で、ラビや律法の専門家が、神についての質問を聞き、答えていた。さらに、そこはシメオンが幼子イエスと出会い、腕に抱いた場所であり（ルカ2・27－35）、イエスが公に教えた場所でもあった（マタイ21・23、26・55、ルカ19・47、ヨハネ7・14）。

神殿から商人を追い出したエピソードのなかで、わたしの興味をそそるのは、イエスが異邦人の庭を聖所、神の神殿の一部と見なしていたことである。イエスが両替人の台や鳩を売る者の腰掛けを倒した時、彼は異邦人の庭を一掃して、異邦人のために設けられた場所でも神を礼拝することができるということを示したのである。イエスは、異邦人が神に祈りをささげる権利を守る目的で、この行為に及んだと言えるだろう。そうであるからこそイエスは次のようにイザヤの言葉を引用する。「わたしの家は、すべての民の祈りの家と呼ばれる」（イザヤ56・7）。神はユダヤ人だけでなく、神を崇拝することを欲する「すべての民」によっても称えられる。預言者イザヤが述べたように「主のもとに集って来た異邦人は言うな／主は御自分の民とわたしを区別される、と」（イザヤ56・3）。

3　異邦人に対するイエスの態度

イエスが神からの福音を「地の果てまで」諸民族に伝えに行けと使徒を派遣したことを見れば、イエスの異教と異教徒に対する態度について何も言う必要はない。また使徒たちも、イエスの教えの趣旨をよく悟り、申し分なく働いた。彼らは、生前のイエスが異邦人や異教を差別する感情を感じることはなかった。異邦人や異教に対するイエスの態度は寛容なものであった。

イエスは、異邦人のなかに善を見つめ、異教のなかにある最も良い部分を引き出した。新約聖書において、イエスはしばしば異邦人（異教徒）の信仰を賞賛した。例えば、イエスは自分の弟子たちを「信仰の薄い者」（マタイ6・30、8・26、14・31、16・8）と呼んだが、異邦人の深い信仰の模範を褒めた（マタイ15・21－28、ルカ7・1－10、10・37、17・18参照）のである。ローマ人の百人隊長の信仰に対して、「イスラエルの中でさえ、わたしはこれほどの信仰を見たことがない」（マタイ8－10）と言い、カナンの女に向かって、「あなたの信仰は立派だ」（同15・28）、と言った。

当時のユダヤ人は、アブラハムとの血縁関係を重視していた（ヨハネ8・33以下）ため、彼らは異教の人たち（異邦人）と一緒に救いに与《あずか》るとは、到底考えられなかった。しかしイエスは、血縁関係や宗教的な伝統をはるかに超えて、神の御心を行う人を優先した（マルコ3・31－35参照）。イエスは、家庭、宗教、部族などを優先せず、むしろ「人々は、東から西から、また南から北から来て、神の国で宴会の席に着く」（ルカ13・29）、と主張したのである。

4　異教徒に対する使徒たちの態度

新約聖書における初代教会（使徒的教会とも呼ばれる）の信者は、ユダヤ教と異教に対してさまざまな態度を取っていた。ユダヤ教、そして異教の背景を持つ信者が同じ共同体で共存することは、決して容易ではなかった。

初代教会は、イエスの復活と聖霊降臨の経験を信仰の基礎とした。イエスの死と復活の過越《すぎこし》の出来事は、彼らの宗教的な状況ばかりではなく、他の宗教的な伝統に属する人々も含めて、全人類の状況を理解するための新しい見方を提供した（デュプイ『キリスト教と諸宗教』七五頁）。

異教に対する彼らの態度は、彼らのこのイエス理解に基づいていた。イエスの死と復活は歴史の一定の時代に起きてはいるが、彼らは、イエスの復活は歴史を超えた出来事であり、「超越した出来事」であると理解したのである。

この理解が初代教会の信仰の基礎になり、それによってキリストは神と人間の間の「仲介者」とされた（一テモテ2・5）。使徒たちにとってはイエス・キリストが目に「見えない神の姿」（コロサイ1・15）なのである。

使徒たちは、他宗教の存在を認識していたが、他宗教に対する彼らの見解は状況によって異なっていた。以下において、十二使徒の代表者シモン・ペトロと異邦人の使徒パウロのそれぞれの態度を見たい。

a　シモン・ペトロの態度

異邦人に対するペトロの態度はユダヤ系キリスト教徒の見解をよく表している。彼は初代教会に異邦人を受け入れることを躊躇《ちゅうちょ》していた。

初代教会の信者たちは、自分たちはユダヤ教のなかの一つのグループのメンバーであると思っていたため、共同体に異教を奉じる人たちを招き入れることについては決めかねていた。使徒言行録が述べているように、初代の信者たちは、「毎日ひたすら心を一つにして神殿に参（ってい た）」（2・46）。

ペトロも同様であったが、彼の態度は「イタリア隊」という部隊の百人隊長コルネリウスに出会ってから変わった。ペトロは、コルネリウスに会う直前に海岸沿いの町「ヤッファ」にいた（同10・5）。旧約聖書によれば、神はイスラエル以外の民族を救うために預言者ヨナをニネベへ遣わしたが、ヨナはこの使命を拒んで反対方向へ行き、「ヤッファ」から逃げようとした（ヨナ1・3）。

異邦人と関わりたくない態度を示したペトロ（使徒言行録10・14参照）もちょうど「ヤッファ」に滞在中であったが、彼はここで異邦人への宣教を決め、コルネリウスのもとに出向いた。このように、「ヤッファ」は、異邦人への宣教の「象徴的な出発点」となったのである（同10・23参照）。

ハンス・シュモルトによれば、コルネリウスはペトロから洗礼を授かった最初の異邦人である。ペトロはコルネリウスとの出会いを通して、イスラエル以外の人々も神によって救われると認識するようになり、次のように述べた。

神は人を分け隔てなさらないことが、よく分かりました。どんな国の人でも、神を畏《おそ》れて正しいことを行う人は、神に受け入れられるのです（同10・34－35）。

コルネリウスは「信仰心あつく、一家そろって神を畏れ、民に多くの施しをし、絶えず神に祈っていた」（同10・2）という人であった。

コルネリウスとの出会いを通して、ペトロは大事なことを学んだ。それは、まず、他者の宗教の習慣が必ずしも汚《けが》れたもの（同10・15参照）ではないこと。すなわち、神が他宗教の礼拝を受け入れ、ご自分の目にはそれが「清い」ものであると認めたなら、ペトロは所属宗教の習慣を根拠に異邦人の習慣は「清くない」などと言ってはならない。そして、ペトロは「神は人を分け隔てなさらないこと」を認識し、これは他の諸宗教に対する教会の態度に強いインパクトを与えた。ペトロの態度は異邦人に教会の扉を開いたのである。

b　異邦人の使徒パウロの態度

タルソス（現在のトルコ南部の都市タルスス）に生まれたパウロは、自ら異邦人に主眼を置いて宣教活動した。彼は、他の使徒と違ってローマ市民権を持っており、移動も演説の自由もあった。パウロは、異邦人に向けて数多くの書簡を書いた。

パウロは異邦人のカルト的習慣や偶像崇拝を明確に拒否している。彼にとって異邦人の「神々」は真の神ではなく（ガラテヤ4・8）、「悪霊」（一コリント10・14－20）、「ものの言えない偶像」（同12・2）である。したがって彼は、異邦人に、これまで彼らが崇拝していた「神々」から離れるように教えた（一テサロニケ1・9、ガラテヤ4・8、一コリント10・14－22参照）。しかし、異邦人はこのパウロの教えをいつも受け入れたわけではない（使徒言行録14・11－18、16・20－21、17・18、19・23－34参照）。

パウロの書簡には、諸宗教に対する「肯定」と「否定」との間に緊張関係があると考える研究者もいる。

パウロは、宇宙を通して常に進行している神の啓示を認めなかった異教徒の上に神の怒りが下されると宣告する。彼にとって、世界中にいるどのような人も、どの時代に生きている人も、被造物を見るときに神性を知ることができる。神について知り得る事柄は、すべての人に明らかである。天地創造を通して、神がそれを示されたのである。被造物が存在し、また秩序をもって保たれていることを考えれば、どの時代の人も必ず、絶大なる力を持っている神がいると認めざるを得ないはずである。偶像崇拝者の主な罪は、被造物の造り主を認めないばかりか、かえって被造物を神として拝むことである。そのために、パウロは彼らを咎《とが》め、神の裁きを受ける、と言ったのである（ローマ1・18－23）。

どのような基準によって神が人々を裁かれるのかについてパウロは、ユダヤ人と異邦人を区別する。ユダヤ人には律法が与えられているから、その律法によって裁かれるが、異邦人は心、「良心」に刻まれた律法によって裁かれると言う（同2・14－15）。

パウロのこの考えは、「わたしの律法を彼らの胸の中に授け、彼らの心にそれを記す」というエレミヤ書31章33節に見られる。このようにパウロは、異教徒でも「良心」に刻まれた律法によって神を知ることができると思っていた。遠い昔においても現代においても、常に「神は御自分のことを証し」している（使徒言行録14・16－17参照）。

アテネでの説教においては、パウロの諸宗教に対する態度はこのうえなく積極的である。彼は、ギリシア人の信仰心を称えて次のように述べた。

あらゆる点においてあなたがたが信仰のあつい方であることを、わたしは認めます。道を歩きながら、あなたがたが拝むいろいろなものを見ていると、「知られざる神に」と刻まれている祭壇さえ見つけたからです。それで、あなたがたが知らずに拝んでいるもの、それをわたしはお知らせしましょう（同17・22－23）。

パウロはアテネで、「他者」の宗教心の立場を理解していることを表明し、さらに「実際、神はわたしたち一人一人から遠く離れてはおられません」（同17・27）と述べて、神はどこにでもおられることを認めた。

デュプイは、アテネでのパウロの説教はキリスト者が諸宗教を理解するに際して疑問の余地のないほどに重要な貢献をしていると言う。パウロの説教は、他宗教の人々の生活とその宗教自体の限界、または部分的な逸脱さえも見逃していない。実にパウロは、復活したキリストにおける信仰のレベルから見れば、諸宗教がまだ不完全であると言っているのである。

5　イエスと使徒時代の態度からの考察

諸宗教に対するイエスと初代教会の態度は複雑である。彼らの態度は単に肯定・否定で結論づけることはできない。

新約聖書には数々の力強い宣言が見られる（ヨハネ14・6、使徒言行録4・12、一テモテ2・5）が、これらの宣言は排他主義的な意味で理解されるべきではない。イエスと初代教会の態度は新約聖書全体のメッセージのなかで統合されており、その文脈のなかでこそ解釈されるべきである。

諸宗教に対するイエスの態度とメッセージは、寛容とともに開かれた姿勢を要求するのであり、新約聖書の記述を排他主義的な意味で解釈するなら、イエス自身はそこから身を引いたであろう。デュプイは同じ結論を下し、次のように指摘する。

> イエスは、他の信仰を持っている人に対立するものとして自分の名が使われることを好まなかったであろうし、まして他宗教の信仰の立場の創立者や信奉者に対立するために自分の名が呼ばれることを好まなかったであろう（『キリスト教と諸宗教』九一頁）。

3　初代教父たちの態度と神学的基礎づけ

二－三世紀当時のキリスト教の思想家たちは、今日のわたしたちが言う「宗教」に相当することばとして「哲学」を用いた。彼らの著書における「ギリシアの哲学」への向き合い方は、キリスト教以外の諸宗教に対する態度を示している。彼らはたびたび「キリスト教」と「哲学」を比較するため、「キリスト教」は一つの哲学として理解されていたのである。

1　初代教父たちによる「ロゴスの神学」

諸宗教に対する初代の教父たちの態度に関連する概念は「ロゴス」、または「ダバール」である。「ロゴス」は古代ギリシア哲学で用いられた語であり、「ダバール」はユダヤ思想の語であった。

古代のギリシア哲学の考えでは、ロゴスは世に内在する知的原理を表し、ユダヤ人はロゴスを人格化する文学表現をもって、神「ヤハウェ」の顕現と人格的な啓示として思い起こした。新約聖書においては、「ロゴス」という概念は「神のみことば」という意味でヨハネによる福音書に初めて現れる（1・1－14参照）。

初代（二－三世紀）の教父たちはロゴスに焦点を当て、次のような疑問に答えを見いだそうとした。ロゴスは自身を全人類に現したのか、それとも限定された人々だけに現したのか。ロゴスの働きはユダヤ教とキリスト教の伝承に限定されていたのか、それともその働きはすべての宗教の伝承に及ぶのか。

これらの問題に対して、ある教父たちは開かれた心で取り組んだ。そのなかで、ユスティノス、エイレナイオス、アレクサンドリアのクレメンスは共通の視野を有していた。以下、これらの教父が、諸宗教に関するキリスト教神学において固有の大きな貢献をしたことを取り上げてみたい。

2　ユスティノスの「種子的ロゴス」

ユスティノス（一〇〇頃－一六五頃）は、キリスト教を擁護しながら、他宗教に関心を向けていた初代教会の教父の一人であった。彼は、異教徒やユダヤ人の激しい攻撃からキリスト教という新しい宗教を擁護し、当時の文化に合った用語でキリスト教の教えを広めた偉大な教父である。ユスティノスは、全人類の歴史において「ロゴス」（神のみことば）は受肉する前にも含めてあらゆる所で働いていると論じた。神のすべての働きと世界への介入は、ロゴスに帰せられる。あらゆる時代の人々の間で語られてきた知恵のことばは、どれもロゴスに属している。なぜなら、ロゴスは全人類の宗教的知識の唯一の源泉であるからである（『第二弁明』13：4項）。

ロゴスは、人々の心と世界のあらゆる文化と宗教のなかに「真理の種」を蒔くのである。ロゴスの種蒔きの働きは無限であると同時に、宗教の境界線を越えている。それゆえに、ロゴスの種子はあらゆる文化と宗教のすべての人に見いだされると言える。

キリスト教と他の諸宗教との違いは、各宗教におけるロゴスの働きの受容にある。キリスト教は受肉したロゴス自身の啓示を受けた。その他の諸宗教は、ロゴスの普遍的働きからほんの部分的な真理の種子しか受けていない。ユスティノスは、キリスト教以外の諸宗教や哲学は受肉したロゴス自身の福音を受け入れない限り、すべての真理を知ることができないと言う(『第一弁明』10：3項)。

ユスティノスによれば、どんな人でも、自分の心のなかで働いているロゴスに従い、正しく生きるなら、その人はキリスト者と呼ばれる(『第一弁明』10：3項)。

3　エイレナイオスの「啓示するみことば」

使徒ヨハネの弟子ポリュカルポスの指導で聖職に就き、後にリヨンの司教となったエイレナイオス(一三〇/四〇頃‐二〇二頃)は、「啓示するみことば」という思想を中心に歴史神学を体系的に構築した。著作家としてのエイレナイオスは、①異端の攻撃から真の教えを守ること、②信仰の真理を分かりやすく説明することという二つの目的を目指した。彼の二つの著作、『異端反《はん》駁《ばく》』全五巻と、『使徒的宣教の証示』は、まさにこの目的に対応していた。

当時、グノーシス諸派の知的運動はキリスト教と競合していた。グノーシス主義者たちはギリシア哲学の二元論的世界観をキリスト教に取り入れようとしていた。エイレナイオスはグノーシス諸派の二元論に基づく神理解、さらにはグノーシス派による救いに関する教えに反駁した。グノーシス主義者たちにとって、全人類の救いはキリストの受難と復活からではなく、神秘的知識から得られるものである。彼らによればエリートのみに伝授される秘義があるとされるため、救いは少数の人（エリート）に制限させられている。

エイレナイオスは、グノーシス諸派に反駁して、全人類に対する神の救いの計画を主張した。彼は、同時代のユスティノスが指摘した「ロゴスの種子」のように、すべての人の理性に「埋め込まれたロゴス」を強調した。彼にとって、すべての人の理性にはロゴスが付与されている。

そして、ロゴス（神のみことば）は御父なる神を徐々に啓示する。この啓示を通して、ロゴスは全人類に救いの可能性を与える。御父は、救いの全歴史を通して常に知られないままに存続するが、御独り子であるロゴスにおいてご自身を顕現する。エイレナイオスにとり、「御父は独り子の見えない側面であり、独り子は御父の目に見える側面である」（『異端反駁』第四巻6：6項、『キリスト教と諸宗教』二七八頁）。

初めから、子は自分の形成した人間とともにいて、父が望むすべての人々に、望む時、望むように、父を啓示するのである（『異端反駁』第四巻６：７項）。

このエイレナイオスのことば――「初めから」子は「父が望むすべての人々に」、「望む時、望むように」、あるいは「適した時に」、「多くのかたちで」、「父を啓示する」――は、キリスト教以外の諸宗教においてもロゴスは神を啓示した可能性があると理解できる。すべての神的顕現は、ロゴスの啓示であり、ロゴスの顕現でもある（同前、Dupuis, 1997, p.64）。この意味で、メルキゼデクに「いと高き神」を啓示したのも、わたしのアフリカ人の先祖たちに神「ンザンビ」「ンビディ・ムクル」「ムロポ」を啓示したのも同じロゴスであると考えられる。なぜなら、ロゴスは望むようにすべての人に神を啓示するからである。

キリスト教以外の諸宗教、特に聖書を知らずに神を信じている人々は間違いなくロゴスの影響を受けている。エイレナイオスが述べたように、「聖書の導きがないのに、神のみことばにつき従っている異邦人の信仰は、明らかにより高潔なものである」（『異端反駁』第四巻24：２項）。

神の啓示は異なる方法、また異なる過程と段階で与えられている。エイレナイオスは啓示において三つの段階を挙げる。すなわち、第一段階は創造、第二段階は預言者とモーセの律法を通してユダヤ人の歴史のなかに見いだされる、第三段階は「みことば、ロゴス」の受肉である。

第一と第二の段階でロゴスは御父とその掟を啓示し、第三段階では全人類の救い（贖《あがな》いと統合）に重点を置いた。『カトリック教会のカテキズム』は、啓示の第三段階の目的について、次のように述べている。

キリストの全生涯は統合の神秘です。イエスが行い、語り、苦しまれたことの一つ一つが、堕罪の人間を最初の状態に修復することを目的としていました。「神の御子は、受肉し人となられたとき、ご自分のうちに人間の長い歴史を統合され、わたしたちの救いを成就されました。その結果、わたしたちがアダムにおいて失っていたもの、すなわち、神の似姿、神のかたどりであることも、キリスト・イエスによって回復されたのです」（５１８項）。

全人類とすべての被造物はキリストによって再び統合されると言う。全人類とすべての被造物の「再統合」の思想は、エイレナイオスの救済の理解である。

主は天にあるものと地にあるもののすべてをご自分の中に統括されるのである。天にあるものとは霊的なもののことである。他方、地にあるものとは、人間に関わる救いの経綸《けいりん》〔オイコノミア〕のことである。主はこれら二つのものをご自分の中に再び統合されたのである

（『異端反駁』第五巻20：1項）。

最後の審判の時、神は異なる時期に異なる方法で与えられた啓示の事実を考慮に入れる。エイレナイオスは人間の自由意志を尊重し、人が自分の決断を有して神の啓示に応答することを主張した（同書第四巻37：5項）。

4　アレクサンドリアのクレメンスの「契約のロゴス」

クレメンス（一五〇頃-二一二／一五頃）はアテネで生まれ、若き日にアレクサンドリアに行った。アレクサンドリアは諸文化が豊かに交流するという、まさにヘレニズム時代を象徴する都市であった。彼は、パンタイノスの弟子となってキリスト教を学び、後にパンタイノスの跡を継いでアレクサンドリアの教理学校を主宰した。

初代教父たちの間では、クレメンスは哲学に秀でている者として高い評価を受けていた。彼が言う哲学とは、宗教も含めて真理のいくつかの要因を所持している哲学諸派のことである。彼はキリスト教のメッセージとギリシア哲学との対話のための機会を作った。

クレメンスの最も重要な著作は『ギリシア人への勧告』『教育者』、そして『ストロマテイス』である。これらは真の意味で三部作をなしていて、キリスト信者の霊的成長を効果的なしかたで支えることを目指すものと思われる。[3]

クレメンスは、ユスティノスとエイレナイオス同様に、神に関する「真理」はすべてロゴスの働きによるものである、と述べている。キリスト教以外の諸宗教と哲学に見いだされる「真理」はロゴスに由来する。

神に関して、クレメンスは二種類の知識を区別する。一つは共通の初歩的な知識、もう一つはロゴスの助けなしには到達できない知識である。前者はあらゆる人間が到達できるものであり、自然的知識とも呼ばれる。後者は、神の秘義に人間を招き入れるロゴスの人格的な働きである。このロゴスの働きと影響はユダヤ・キリスト教的な伝承の境を越えている。ロゴスは、あらゆる民族と契約を結ぶのである。

クレメンスにとって「哲学」は神に由来し、ユダヤ人の律法と同じように神の啓示に属している。哲学はユダヤ教の律法と並行して、キリスト教信仰への準備となるものである（ヨハネ・パウロ二世回勅『信仰と理性』38項）。律法がユダヤ人を「キリストのもとへ導く養育係となった」（ガラテヤ3・24）ように、ギリシア人には哲学がその養育係の役割を果たすと考えたのである（『ストロマテイスI』第六巻67：1項）。

しかし、哲学の役割はキリストの到来までの過渡的なものであった。「太陽が昇れば、ランプの使命は終わる」とのことわざと同じように、キリストの到来によってギリシア人の哲学の使命も終わったと言う（『キリスト教と諸宗教』二八一頁）。クレメンスによれば、哲学および他の諸宗教は、人々の救いのために過渡的役割を果たすが、それら自体は救いの道ではない（McDermott, Gerald R., p.123）。キリストの道と比べると、それらの哲学と諸宗教の道は二次的な道である。諸宗教や哲学にある良い教えはそれらの宗教の信者にキリストの福音を受け入れるための準備となり得る。完全な無神論者にならないよう、哲学や諸宗教がそれぞれの信者に救済の二次的（過渡的）な道を示している（『ストロマテイスⅡ』第六巻110：3項）。

クレメンスにとって神が全人類を救うという意志は、「時間に制約されたものではなく永遠なるものである。……ある場所・ある人に限られたものでもない」（同書第六巻64：1項）。

5　教父たちの「ロゴス神学」の評価

ユスティノスの「種子的ロゴス」、エイレナイオスの「啓示するロゴス」、そしてアレクサンドリアのクレメンスの「契約のロゴス」のそれぞれの神学は、彼らのキリスト教以外の諸宗教に対する態度を示している。教父たちの「ロゴス神学」はヨハネの福音書の冒頭のテーマをさらに広げ、諸宗教に対するキリスト教の態度に神学的基礎を付与したのである。彼らはキリスト教以外の諸宗教や哲学のなかに神のみことばの影響を認めた。三人の教父たちによれば、「みことば」は受肉する前でも、受肉した後でも、全人類のなかに働いている。

全人類、もしくはすべての人のなかに「神のみことば」の種が見いだされる。神のみことば「ロゴス」はあらゆるところで神を啓示する。ユスティノスが示したように、ある人はロゴスの啓示を部分的に受けた。それは、キリスト教以外の諸宗教の場合である。ある人は受肉したロゴス自身から完全な啓示を受けた。それは、キリスト教の場合である。

ロゴスの啓示なしに神を知ることはできない。すべての人がロゴスの働きにおける啓示を受けたが、皆が同じように信じたわけではない（『異端反駁』第四巻6：5項）。啓示は、さまざまな仕方で与えられているが、最終的には受肉したロゴスによって、すべてのものが神の内に再統合する、とエイレナイオスは主張した。

アレクサンドリアのクレメンスは、キリスト教以外の「哲学」や諸宗教に与えられている啓示は別の「契約」に属していると述べた。ユダヤ人には律法が与えられ、ギリシア人には哲学が与えられた。ほかの民族には神の救い（福音）への準備として、異なる契約がある。わたしの背景にあるアフリカの伝統的宗教は、異なる契約でロゴスの啓示を受けているはずである。日本でも同じことが言える。

4　ローマ教会時代の「教会の外に救いなし」という教義

初代教父たちの神学は数世紀にわたってローマ・カトリック教会の教えに影響を与えてきた。ロゴスの普遍的働きを主張しながらも、教会はキリスト教以外の諸宗教者の救いに対して厳しい立場をとっていた。他の諸宗教に対する教会の不寛容な態度はどこから始まったのだろうか。

キリスト教がローマ帝国で公認されたころ、教会内では教義に関する論争が起こっていた。教会から離れる人々に対する態度は厳しく、教会から離れることは、愛による交わりに反する罪と見なされた。

キリスト教以外の諸宗教に関して最も論議の的となったのは、「教会の外に救いなし」という教義である。この教義は、「救い」と「教会」というキリスト教神学の二つの重要な概念を含んでおり（Sesboüé, B.)、ローマ・カトリック教会の最も知られている教義である。その起源は、新約聖書の記述につなげられる。

新約聖書では、水の洗礼を受けた人たちは、ノアの箱舟にいた人たちのように救われると例えられている。ペトロはノアの箱舟にいた者だけが救われたことを述べている。

霊においてキリストは、捕らわれていた霊たちのところへ行って宣教されました。この霊たちは、ノアの時代に箱舟が作られていた間、神が忍耐して待っておられたのに従わなかった者です。この箱舟に乗り込んだ数人、すなわち八人だけが水の中を通って救われました。この水で前もって表された洗礼は、今やイエス・キリストの復活によってあなたがたをも救うのです（一ペトロ3・19－21）。

このペトロの教えに基づいて、アンティオキアのイグナティオス、エイレナイオスおよびアレクサンドリアのクレメンスは、教会のうちに救いと恩恵があると主張した。「教会の外に救いなし」という主張は、まず、オリゲネス（一八四／八五－二五三／五四）の説教に見いだされる。彼は「教会」に属する人にのみ「救済」が与えられるとし、それゆえ「この家、つまり教会の外では救われる者はない」と主張したのである。

オリゲネスの後、文字通り「教会の外に救いなし」と言ったのは、北アフリカ・カルタゴの司教キプリアヌス（?－二五八）である。キプリアヌスはどういう意味で、またどのような歴史的文脈のなかで発言したのであろうか。

想起すべき重要なことは、この教義はもともと咎めを負うべき異端者や棄教者、あるいは教会を離れていた人々のみを対象としている点である。

教会はノアの箱舟にたとえられていた。教会という舟から勝手に下りてしまった異端者や棄教者は、荒波の奥底に沈むしかない状態に向かったのであり、もはや救いのない状態に陥ったと主張された。

ただし、キプリアヌスはこの教義を通して、キリスト教以外の諸宗教のことを指してはいない。彼は、特定の論争に関して手紙を書いているが、そこでは異端者について言及されている。

当時、異端者から洗礼を受けた者に対して、再び洗礼を授ける必要があるかどうかという議論があった。手紙のなかでキプリアヌスは、異端者が授けた洗礼は有効ではないという信念を伝えている。カスパー（Kasper, W.）が述べたように、キプリアヌスはすでに洗礼を受けた信徒が信仰を離れる危険にさらされていたことを指摘していたのである。

キプリアヌスが主張するのは、教会外での異端者の洗礼の無効、教会の一致を説く文脈においてのことである。この意味で、この教義を教会論の文脈で理解すべきである。

キプリアヌスによれば、教会は絶対に一つのものでなければならない。彼にとって神は父であり、教会は母である（Saint Cyprien 参照）。したがって、教会を離れるのは危険であるし、救いを失う可能性がある。

キプリアヌスはさらに、当時の教会から離れた修道女会のグループについて、ポンポニウスに、同じことを述べた。「彼女たちは、教会の外で生きることはできない。なぜなら、神の家は一つであり、教会の外では、誰も救われないからである」（Cyprianus から引用者訳）。

教義は、キプリアヌス以降広く浸透した。北アフリカのヒッポの司教アウグスティヌス（三五四－四三〇）も、救いを得るために教会に留まることを主張した。彼は秘跡をめぐる論争で後に異端とされたドナティスト派の司教について、次のように述べた。

> 教会の外では、（ドナティスト派の司教は）救いを除いてすべてのものを得ることができる。彼は、名誉を得、秘跡を授け、福音書を持ち、父と子と聖霊の御名によって、信仰を宣《の》べ伝えることができるが、カトリック教会の外に、どこにも救いを見つけることはできない
> （Dupuis, 1997, p.90 から引用者訳）。

アウグスティヌスは「教会の外に救いなし」という教義の排他主義的な意味を伝えた。彼は、教会で受洗しない人は救われないと強調した。

アウグスティヌスの弟子フルゲンティウス（四六七／六八－五三二／三三）は、この教義を異端者だけでなく、異教徒とユダヤ人にまで適用した。その後、第二バチカン公会議まで長年にわたってこの教義は異なる表現で宣言されたのである。

フィレンツェ公会議（一四四二）では、この教理について非常に厳しい見解が確立された。

次のことを堅く信じ、宣言し、教える。すなわち、「カトリック教会の外にある者（カトリック教会内にいない者）は異教徒だけでなく」、ユダヤ人も、異端者も、離教者も永遠の生命に参与することはできない。彼らは臨終の前に教会に受入れられないかぎり〔引用者注＝戻らなければ〕、「悪魔とその天使たちのために準備された」（マタイ25・41）永遠の火に投入れられるであろう（『カトリック教会文書資料集』１３５１項）。

ただし、教皇ピウス九世（在位一八四六－七八）はこの教義を主張しながらも、新たな解釈を求めた。教皇は次のように述べている。

私も、あなたたちも次のことを良く知っている。すなわち、やむを得ない事情によってカトリックの聖なる宗教を知らずにいる者が、神がすべての人の心に刻みつけた自然法とその道徳律を忠実に守り、神に従う用意があり、正しく生きるならば、神の光と恩恵との働きによって、永遠の生命に達することができる（同書２８６６項）。

「やむを得ない事情による無知」という例外を認めることは、ローマ・カトリック教会のこれまでの他宗教の人々に対する立場を見直す出発点となった。

二〇世紀に入ると、教皇ピウス一二世は、この伝統的な教義はもはや現代では文字通りの意味にとることはできないと明白に述べた（同書３８６６－72項参照）。

当時、アメリカでは、この教義の意味をめぐって「聖ベネディクトセンター」と「ボストンカレッジ」との間に論争が起こっていた。教皇ピウス一二世の下で、検邪聖省（現在の教皇庁教理省）は、ボストンの大司教にあてた書簡（一九四九年八月八日）で次のように述べている。

教会が常に教え続けてきたことの中に、「教会の外に救いは絶対にない」という不可謬《ふかびゅう》の格言が含まれている。しかし、この教義は、教会自身が解釈している意味に理解されるべきである。なぜなら、われわれの救い主は、信仰の遺産に含まれていることを、個人の判断によってではなく、教会の教導職によって説明するように定めたからである（同書３８６６項）。

したがって、検邪聖省は次のような解釈を提示した。

教会がキリストによって設立されたことを知りながら、教会に従うことを拒む者、および地上におけるキリストの代理者であるローマ教皇に服従することを拒否する者は、救われない

（同書３８６７項）。

このことを述べながらも、検邪聖省は、事情によっては願望だけで救いに達することができると指摘した。

救い主は、すべての人が教会に入ることを命じたのではなく、教会なしには、誰ひとりとして天の栄光の国に入ることができない救いの手段として教会を設立したのである。神は無限の慈愛をもって、人々の救いの助けとして、神が制定したことだけを究極目的に達するために絶対必要なものとせず、ある特定の事情においては、願望だけで救いに達することができるようにはからったのである（同書３８６８－69項）。

「教会」に属することについて、検邪聖省は新たな要素を加える。「少なくとも願望によって教会に所属することが要求される」との見解は、非常に前向きな姿勢を示している。

教会は救いのための一般的な助けである。永遠の救いを得るためには、実際に教会の一員として教会に合体することが常に要求されるのではなく、少なくとも願望によって教会に所属することが要求される。この願望は、洗礼志願者の場合のように、常に明示的であることが要求されるのではなく、不可抗的無知の場合のように、暗に含まれた願望を神は認める。なぜなら、神の意志に自分の意志を合わせようと努める人間の善意の中には、永遠の救いを得たいという願望がそれとなく含まれているからである（同書３８７０項）。

5　第二バチカン公会議による刷新と新たな態度

現代のローマ・カトリック教会を方向づけたと言われているのは、第二バチカン公会議（一九六二－六五）である。第二バチカン公会議は、以前の公会議とは違う目的で開かれた。それは、何よりも、教会自身の刷新と現代化（アジョルナメント）である。その目的は、カトリック教会と世界に対する教会自身のまなざしを新たにすることであった。それは、二つの忠実さ――すなわち教会伝承への忠実さと、現代の人々の歴史への忠実さ――のうちに時のしるしを新たに読み解くことである。

キリスト教以外の諸宗教に関して、公会議が目指したことは、他宗教とキリスト教の間の相互理解、評価、対話、協力などの新しい姿勢を養うことにあった。デュプイが述べたように、「第二ヴァティカン公会議が教会の公会議史上初めて、用心深く慎重にではあったが、他宗教を肯定的に採り上げた」（『キリスト教と諸宗教』一二五頁）。

第二バチカン公会議の精神を振り返ると、求められた刷新の根本理念は、「キリスト教の源泉への立ち戻りと現代への適応」ということであった。宗教的多元性の認識が高まるなか、教会の自己認識と刷新が必要とされた。この公会議では初めて世界五大陸から参加者が集まり、さまざまな教会刷新運動についての決議がなされた。

公会議のヴィジョンを最もよく表しているのは、「全人類の救いの秘跡」としての教会像であろう。教会は、もはや救いの共同体として内に閉じられた園ではなく、全世界と人類に対しての使命を遂行すべきものとして提示されたのである。ローマ・カトリック教会の外にいる人々は、もはや救いから排斥されるのではなく、彼らもキリストの「救いの秘義」に含められているというのである。

本公会議以後、キリスト教以外の諸宗教に対する態度がどのように変わったのだろうか。この問題について、公会議の公文書を確認したい。

1　他宗教に関わる第二バチカン公会議の公文書

教会の現代化を図った第二バチカン公会議は、用心深く、慎重にではあったが、公会議史上初めて他宗教を肯定的に取り上げた。公布された公文書のなかには、『キリスト教以外の諸宗教に対する教会の態度についての宣言』（以下『諸宗教に対する宣言』）のほかに、他の公文書の内容にキリスト教以外の諸宗教との関係という点が含められている。特に、『教会憲章』16項において、それらは確認される。

『教会憲章』16項は、「キリスト教以外の諸宗教」のメンバーがいろいろな仕方で教会（神の民）に方向づけられていることから始まる。まず、教会が最も近い結びつきを持つユダヤ教、次にイスラームに言及する。これらの宗教はキリスト教とともにアブラハムの信仰を受け継いでいると言える。さらに続いて、「全人類にいのちの息とすべてのものを与えた知られざる神を探し求める人々」にも言及する。

『諸宗教に対する宣言』は『教会憲章』とは逆に、まず人間の宗教性に触れ、次いで「文化の進展に結びついている宗教」、すなわちヒンズー教や仏教、その他の宗教に言及し、さらにイスラーム、そして最後にユダヤ教についてという構成をとっている。この文書のなかでは、ユダヤ教に関して最も長いページが割かれている。

公会議の他の公文書、すなわち『教会の宣教活動に関する教令』3、9、11、15の各項と『現代世界憲章』22項も他宗教について言及する。

以下において、『諸宗教に対する宣言』の成り立ちと構成を示したい。

2　諸宗教に対する第二バチカン公会議の「宣言」

a『諸宗教に対する宣言』の成り立ち

諸宗教に対する問題はもともと公会議の議題ではなく、『諸宗教に対する宣言』ではユダヤ人に関することのみ触れられていた。[4] しかし、アジアとアフリカからの参加者たちは、ユダヤ教の人々との関係だけでなく、世界総人口の三分の二を占める他宗教にも言及すべきであると要求した（O' Malley, John W.)。これには反発もあったが、公会議はこの要求を受け入れて、キリスト教以外の諸宗教に対する肯定的な態度を検討することを決めた。

反対を抑え、宣言の草案に対して前向きな態度を作り出すのに役立つ多くの要因があったが、それらは以下のように要約できる。

一九六三年四月、教皇ヨハネ二三世はすでに回勅『パーチェム・イン・テリス――地上の平和』で、「良心に従って神を礼拝する権利」（8項）について述べていた。

教皇パウロ六世は、一九六四年五月一九日発表した使徒的書簡において、バチカンに非キリスト教徒のための事務局を設立することを表明した。[5] また同年八月六日、同教皇は非キリスト教徒を含む「対話」に関する回勅『エクレジアム・スアム』を発表した。そのなかでは次のように述べられている。

さて私は自分のまわりに今一つの円が描かれるのを見る。この円もまたはかり知れない程の大きさをもつのであるが、私からは第一のそれほど遠くはなれていない。それはまづ、私たちもまた崇めているように、唯一かつ至高の神を崇めている人々である。私が考えているのは、私たちの愛にみちた尊敬を受けるにふさわしいヘブライの民の子ら、私たちが旧約聖書の宗教とよぶものを信じている人々のことである。また更に単一神をとる宗教、とくに回教の概念に従って神を崇めている人々、その神の崇敬のうちにある真実さ、また美しさの故に、賛嘆にあたいする人々のことである。更にはまたアフリカ、アジアの偉大な種々の宗教を信じている人々のことである（第三章16項）。

教皇は、この回勅を通して、公会議の教父たちが対話の問題を広く検討するように指示したのである。彼は、一九六四年に聖地とインドを訪れ、他宗教の指導者たちと会ったが、この出会いは公会議の教父たちにとってローマ・カトリック教会と世界の諸宗教との関係を考える誘因となった。

b 『諸宗教に対する宣言』の構成

『諸宗教に対する宣言』は、第二バチカン公会議公文書のなかで最も短い文書であり、五つの項のみで構成される。この宣言にはキリスト教以外の諸宗教に対してローマ・カトリック教会がどのような態度をとったのかが示されている。

1項では、人類の本質的な統一性について語る。「神が全人類を地上の至るところに住まわせ……その摂理といつくしみのあかしと救いの計画とはすべての人々に及（ぶ）」。また「すべての民族は一つの共同体をなし、同一の起源をも有し……同一の最終目的をも有して（いる）」。人類には、人種、肌の色、宗教および生き方の違いがある。文書の冒頭で、公会議は全人類が共通するものを指摘し、全人類の最終目的は「神である」とはっきりと宣言した。ローマ・カトリック教会は、キリスト教以外の諸宗教の人々に対して尊敬と愛を持って接し、いかなる形の嫌がらせや差別も避けるようにカトリック信者たちに要請する。

2項ではキリスト教以外の人々の深い宗教的感覚について語られる。教父たちは宗教的多元性を認めて、ヒンズー教と仏教に明確に言及した。これによりアジアの司教たちの願いを伝えている。第二バチカン公会議のこの宣言の前に、カトリック信者は、キリスト教以外の諸宗教をしばしば「異教」「誤り」、または、世界の悪魔、サタンの産物と見なしていた（本書4章で他の霊的な存在と宗教的多様性の起源について語る）。実際、他国の宣教に出かけた宣教師のなかには、地元の人々の諸宗教に対して悪い先入観を抱いていた者もいた。[6] しかし公会議は、はっきりとキリスト教以外の諸宗教を認め、次のように述べた。

カトリック教会は、これらの宗教の中にある真実にして神聖なものを何も拒絶することはない。その行動様式や生活様式も、その戒律や教理も、心からの敬意をもって考慮する（2項）。

3項ではイスラームに対する教会の尊敬の念を述べ、キリスト教との共通点を指摘する。教父たちはローマ・カトリック教会の信者とムスリムたちに、見解の相違や敵意を克服し、誠実に相互理解に努めるよう呼びかけた。この宣言では、ムスリムは「唯一の神、生きていて自存する神、あわれみ深い全能の神、天地の創造者、人間に語りかける神を礼拝している」（3項）と言う。

4項では教会とユダヤ教との特別な関係について語る。公会議の教父たちはユダヤ教の信者を「アブラハムの子孫」と呼び、この民を通して旧約の啓示を受け取ったことを忘れることはないと宣言した。キリスト教とユダヤ教は共通の霊的遺産を持っているので、公会議は両方の信者が互いに理解し、尊重し合うことを強く勧めた。公会議の後、キリスト教とユダヤ教の関係は変化した。教皇ヨハネ・パウロ二世がローマのシナゴーグを訪れ、エルサレムの神殿の壁の前で祈ったことは、多くの人々に強い印象を残した象徴的な一例として挙げられる。

5項では、信者たちに「兄弟愛」を大切にするように勧める。教父たちは、「教会は、人種や肌の色や階級や宗教を理由とするどんな人間差別も虐待も、キリストの精神とは合わないものとして拒絶する」と宣言した。

この宣言は、第二バチカン公会議の第七総会において、一九六五年一〇月二八日に公布された。ヨハネ・パウロ二世とベネディクト一六世によれば、本宣言で述べられているキリスト教以外の諸宗教に対するローマ・カトリック教会の態度と新しいアプローチは、教会の「大憲章（マグナ・カルタ）」とされるものである。

3　第二バチカン公会議におけるロゴス神学の再確認

初代教父たちの「ロゴス神学」、すなわち「みことばの種」の概念と「福音への準備」の概念は、第二バチカン公会議公文書に新たに取り上げられている。

公会議公文書には「みことばの種」という概念が四カ所で使用されている。そのうちの二カ所は明示的で、『教会の宣教活動に関する教令』11項と15項、他の二カ所は同教令9項と『教会憲章』17項に非明示的に使われている。

『教会憲章』は、『教会の宣教活動に関する教令』よりも前に出された。『教会憲章』17項はイヴ・コンガールによって書かれ、一九六四年一一月に「神の民」（De Populo Dei）の小委員会によって承認され、同年九月の公会議の第二会期において『教会憲章』（De Ecclesia）の第二章（新しい基本構想）に追加された（Congar, Y. 参照）。

教会はその働きをもって、人々の心や考え、あるいは各民族固有の風習や文化の中に見だされる、すべてのよいものが滅びることのないように心を配るだけでなく、神の栄光をたたえ、悪霊を狼狽《ろうばい》させ、人間を幸福にするために、それを改め、高め、完成させるようにする（17項）。

『教会の宣教活動に関する教令』9項にも同じテキストがあり、これもコンガールによって書かれたことは間違いない。[7] ルチェー（Louchez, E.）によれば、コンガールは一九六四年一二月に策定された「宣教活動」（De Missionibus）の基本構想（同教令第二章「宣教活動について」の第一項「キリスト教的あかしについて」）の主要な編集者であった。

前述のように『教会の宣教活動に関する教令』では「みことばの種」について二カ所で明示的に言及する。

人々の民族的・宗教的伝統に精通し、その中に隠されているみことばの種を喜びと敬意をもって見いだすようにしなければならない（11項）。

みことばの種と福音宣教を通してすべての人をキリストのもとに招き、信仰の従順を人の心に引き起こす聖霊は、洗礼の泉において、キリストを信じる人々を新しいいのちに生むとき、彼らを一つの神の民に集める。それは、「選ばれた民、王の系統を引く祭司、聖なる国民、神のものとなった民」（一ペトロ2・9）である（15項)。

同教令における「みことばの種」に言及したテキストは、コンガールと共同でクサビエル・セウモアによって、一九六四年一二月に作成された。

コンガールは、『わたしの公会議の日記』において、この文書の作成について次のように述べている。「一二月二四日の朝、私は、宣教活動（デ・ミッショニブス）の神学的部分をラテン語で書き始めた。クサビエル・セウモア神父は司牧的部分を書く」（Congar, Y., p.294 から引用者訳)。

「みことばの種」の概念のほかに、「福音への準備」の概念も、同教令3項と『教会憲章』16項において言及されているが、最初のテキストはコンガールによって準備されたと思われる。

『教会憲章』第二章の執筆時に、コンガールは、「教会」小委員会の専門家として、ジャン・ダニエルーに代わって小委員会メンバーになった。ヘンリー・ドンノーによると、同憲章16項のテキストはダニエルーによって書かれた可能性が高い（Donneaud, H., p.5)。

実際、教会は、彼らのもとに見いだされるよいもの、真実なものはすべて、福音への準備であり、ついにはいのちを得るようにと、すべての人を照らすかたから与えられたものと考えている（『教会憲章』16項）。

最初のテキストには、恐らく、ダニエルーのテキストであると思われる「福音への準備」の概念について詳しく説明する長い注がついていたが、後の公文書には使用されなかった。ダニエルーは、ユスティノスの神学における「みことばの種」の概念のほかに、「真理の種」の概念を指摘する。

「みことばの種」「福音への準備」「真理の種」というそれぞれの概念のほかに、「すべての人を照らす真理の光」（『諸宗教に対する宣言』2項、『教会憲章』16項参照）、「隠された神の働き」（『教会の宣教活動に関する教令』9項）という表現がこれらにつながっている。

要するに、「(人々の）もとに見いだされるよいもの、真実なものはすべて」（『教会憲章』16項）、「人々の心や考え、あるいは各民族固有の風習や文化の中に見いだされる、すべてのよいもの」（同17項）、「諸民族の間に見いだされる真理と恵み」（『教会の宣教活動に関する教令』9項）はすべて「みことばの種」であり、「福音への準備」である。

『諸宗教に対する宣言』ではっきりと述べられている通り、教会が保持し提示するものと多くの点で異なっているとしても、カトリック教会はみことばの種であると認められたものを何も拒絶することはない。むしろ、これらのものを心からの敬意をもって考慮する（2項参照）。

他民族のすべての宗教的伝統や文化はそれ自体が「みことばの種」であるわけではない。したがって、公会議は教会の信奉者に、「人々の民族的・宗教的伝統に精通し、その中に隠されているみことばの種を喜びと敬意をもって見いだすようにしなければならない」ことを勧めたのである（『教会の宣教活動に関する教令』11項参照）。

公会議は、「みことばの種」の同義語として「諸民族に与えられた神の富」という表現も使用している。それゆえ、神がどれほどの富を寛大に諸民族に与えたかを悟らなければならない（同前）。諸民族に見いだされるすべての良いものの創始者は、キリストである。宣教活動において、見いだされるすべての良いものはキリストの手に返すのである（同9項参照）。

みことばの種を蒔くことに関する聖霊の役割は、公文書において『教会の宣教活動に関する教令』15項以外では強調されていないが、公会議の後に出された教会の教えで言及されている。『救い主の使命』でヨハネ・パウロ二世は次のように述べた。

聖霊の現存と活動は普遍的で、決して空間や時間によって限定されるものではありません。第二バチカン公会議は、人間の創意（宗教的なものも含めて）のなかに、そして真理や善、神ご自身を獲得しようとする人間の努力のなかにみられる「みことばの種子」をとおして、聖霊があらゆる人の心のなかで働いていることを思い起こしています。……いろいろな習慣や文化のなかに「みことばの種子」をまき、キリストにおいて完全に成熟するよう準備するのも、聖霊の働きです（28項）。

第二バチカン公会議の公文書は、「みことばの種」の創始者はキリストであると述べるが、キリストがどのようにことばの種を伝達するのか、具体的には何も語らない。「ロゴス」は、どのように種を蒔いたのか。創造の時からロゴスは人間の知性に種を蒔いたのか、それとも特定の啓示によって種を蒔いたのか、公会議は具体的には語らない。第二バチカン公会議は「みことばの種」を重視したが、デュプイが指摘するように、「種を蒔くみことば」についても重視すべきである。

公会議は「みことばの種」の神学を福音宣教と宗教間対話の視点から理解した。公会議の教父たちは、初代教父の神学を使用することによって宗教間対話の可能性を開いた。デュプイの視点から見れば、初代教父の「みことばの種」と「種を蒔くことば」の概念を読み直すことによって福音宣教と宗教間対話だけでなく、宗教的多元性の問題をより深く理解できる。

6 まとめ

本章では、歴史のなかでの諸宗教に対するキリスト教のさまざまな、そして複雑な態度に焦点を当てた。現代のローマ・カトリック教会の態度は、第二バチカン公会議における『キリスト教以外の諸宗教に対する教会の態度についての宣言』(『諸宗教に対する宣言』)に基づいている。この宣言の冒頭に示されているように、ローマ・カトリック教会は、「我らの時代」に適応したキリスト教の態度を提示している。第二バチカン公会議の宣言は、これまでのキリスト教と諸宗教との間の関係について、より深い肯定的なアプローチを提供した。

本章においてわたしは、「キリスト教は、宗教的多元性に対してどのような態度をとってきたのか」という問題に答えようとした。わたしの分析は網羅的ではないが、キリスト教史における主な傾向を示したと思う。キリスト教に特徴を与えたこれらの主な傾向に焦点を絞って、わたしは初代教会から第二バチカン公会議にかけて、諸宗教に対するキリスト教のさまざまな態度を示してきた。

初代教会(使徒的教会)は、ユダヤ教と異邦人の諸宗教の間に挟まれていて、厳しい闘いを強いられていた。そのなかにあって、初代教会は自らのアイデンティティを確認し、教会の基礎を築き上げた。使徒たちは各自の共同体の事情を鑑みながら、宗教的多元性の問題に適切に対応した。

初代教会の非ユダヤ教徒（異邦人）と彼らの宗教に対する一般的態度は、旧約聖書からの影響もあって非常に否定的であった。当時の状況から見ると、初代教会のなかで特別な地位を占めていた使徒ペトロと使徒パウロの態度は排他主義的でもあれば、開かれた態度でもあった。彼らは宗教的多元性を認識し、神の救いの計画は全人類のためにあることを理解した。

二－三世紀の教父たちは全人類において働く神の救いの計画の理解について論じ、その理解に神学的な基礎を与えた。彼らは宗教的多元性を認識して、全人類を神に結ぶ「ロゴス」の神学を展開した。

初代教父においては、ユスティノスの「種子的ロゴス」、エイレナイオスの「啓示するロゴス」、そしてアレクサンドリアのクレメンスの「契約のロゴス」、これらそれぞれの「ロゴス神学」を取り上げた。彼らの共通点は、ロゴスの働きはキリスト教の境界線を越えているという思想である。そこでは、キリスト到来以前の全人類へのロゴスの働きは、「福音への準備」のためであると理解された。

教父たちの「ロゴスの神学」をさらに展開することを阻んでしまったのは、「教会の外に救いなし」という教会論的な思想である。この教義は、当時の教会内の異端者と棄教者（離教者）に対する応答であり、決してキリスト教以外の諸宗教の人々に対するものではなかった。この排他主義的な教義は、残念ながら何世紀にもわたって教導職の文書に取り上げられ、さまざまな解釈を招いたのである。

何世紀も経って宗教的多元性の認識が高まるなか、ローマ・カトリック教会はこの教義についての議論をやめ、教会の刷新を求めて初代教父の「ロゴス」神学を復活させた。第二バチカン公会議によって、カトリック教会はキリスト教以外の諸宗教や異教徒に対する態度を変えた。

クリスチャン・デュコックは、次のように述べている。

第二バチカン公会議は、それ以後広がった一つのプロセスを発信した。非キリスト教諸宗教との対話を始めるにあたり、この公会議は寛容と尊重を呼びかけただけでなく、またキリスト教諸派の難しい状況（弱体化）を認めただけでなく、キリスト教神学において、世界の諸宗教の位置づけに関する伝統的な教理資料について見直すことを促した（『自由人イエス』一五頁）。

わたしは、現代のローマ・カトリック教会は第二バチカン公会議の足跡をたどり、宗教的多元性を前向きな態度で取り込まなければならないと考える。キリスト者は、世界に存在するキリスト教以外の諸宗教を否定する態度を示したり、無視したり、拒絶したりするべきではない。むしろ、それらの諸宗教の意味を検討する必要がある。

3章　諸宗教に関するキリスト教のパラダイムシフト

キリスト教神学は、絶え間なくパラダイムシフトの過程にある。キリスト教神学におけるパラダイムシフトというのは、キリスト教の基本的発想の転換、または神学の焦点課題を入れ替えることを指しており、キリスト教史においては各時代に新しいパラダイムが生まれてきた。

前章で見てきたように、他宗教に対するキリスト教の態度はさまざまな事情によって変化してきた。宗教的多元性に対するキリスト教神学においても、さまざまなパラダイムシフトを挙げることができるが、本章では諸宗教に関するキリスト教神学におけるその主なものを見ていきたい。

キリスト教神学は時の流れとともに変化し続けている。どのような変化が起きたのか。そしてその変化に導いたきっかけとは何なのか。初代教会と教父たち時代から第二バチカン公会議にかけてどのようなパラダイムシフトが起こったのか。キリスト教史上の各時代に主張されたパラダイムを確認することによって、諸宗教に関するキリスト教神学でのパラダイムシフトをより理解することができると思う。

現代のキリスト教神学が直面している主な問題の一つは、宗教的多元性という現象である。救済のオイコノミアに関して、宗教的多元性はキリスト教神学にさまざまな神学的課題を提起する。キリスト教神学は救済のオイコノミアの視点からいかに宗教的多元性の問題に答えるのか。

1　使徒時代から第二バチカン公会議までのパラダイムの概要

一九八三年、ハンス・キュンクとデビッド・トレイシーは、チュービンゲン大学で神学のパラダイムシフトに関する国際エキュメニカルシンポジウムを開催した。このシンポジウムのテーマは「神学の新しいパラダイム」であった。

キュンクは、キリスト教史全体を六つの主要なパラダイムの時代に分けた（『キリスト教』）。それぞれの時代のキリスト者は、前の時代とは異なる方法で信仰を理解した。

(1)　原始キリスト教的－黙示的パラダイム（使徒時代）

(2)　古代教会的－ヘレニズム的パラダイム（教父時代）

(3) 中世的－ローマ・カトリック的パラダイム（スコラ時代）
(4) 宗教改革的－プロテスタント的パラダイム（宗教改革時代）
(5) 啓蒙主義的－近代的パラダイム（啓蒙主義と観念論時代）
(6) 同時代的－エキュメニズム的パラダイム（ポストモダン時代）

1 原始キリスト教的－黙示的パラダイム

キリスト教はユダヤ教の信仰を受け継いでいる。ユダヤ教では自らをアブラハムに啓示をした神「ヤハウェ」が唯一の神であると固く信じられている（申命記6・4、民数記15・37－41）。ユダヤ人は「ヤハウェ」が終末にメシア（キリスト）を遣わすと期待していた（ルカ3・15）。イエス・キリストの到来後も、一部のユダヤ人は終末論的思想・黙示的思想を主張し続けた。初代のキリスト教が対処しなければならなかった問題の一つがこの終末論的問題であり、初代教会の信者たちは、当時ますます強くなっていた終末論的な運動の影響を受けていた。

ユダヤ教の影響を受けて、初代キリスト教のなかで「主の再臨」を主張する運動が起こった。新約聖書では、人の子の再臨についての記述が何度か出てくる（マタイ24・29－44、マルコ13・3－27、32－37、一コリント15・23、フィリピ4・5、一テサロニケ4・14－18、ヤコブ5・7参照）。ヨハネの黙示録では、いわゆる「千年王国」の淵源となる記述もあり（20・7以下）、同時代には律法の徹底的遵守によって終末の到来を早めようとするクムラン教団のような終末主義集団もあった。

ユダヤ教の信者たちはいまだにメシアの到来を待ち望む一方で、初代キリスト教の側では、メシアはすでに到来しているので、終末に期待されることは主の再臨と神の国の完成であると主張した。

終末に主の再臨と神の国が完成されるという期待は、一世紀の迫害状況にあった信者たちにとって励みとなった。パウロが初めて書いたテサロニケの信徒への手紙では、キリストの再臨が随所に記されているが、キリストの再臨にあたって、神を認めない無神論者と非キリスト者たち（異教徒）に対しては厳しい態度を示した（二テサロニケ1・6―8）。

しかし、終末論的パラダイムは壁にぶつかり、限界に来ていた。初代のキリスト者たちが期待した「神の国」と「主の再臨」はすぐには実現しなかったため[1]（黙示録22・12参照）、信者たちは疑問をもった。「主が来るという約束は、いったいどうなったのだ。父たちが死んでこのかた、世の中のことは、天地創造の初めから何一つ変わらないではないか」（二ペトロ3・4）。

終末における主の再臨の約束の実現はまだ遠い先のことだと人々が考え始めた時にパラダイムシフトが必要となった。それゆえ初代キリスト教の思想家たちは主の再臨の強調から視点を変えて、生前キリストから委ねられていた使命に焦点を当てた。

このパラダイムシフトはマタイ福音書の次のような箇所からすでに確認できる。「戦争の騒ぎや戦争のうわさを聞くだろうが、慌てないように気をつけなさい。そういうことは起こるに決まっているが、まだ世の終わりではない。……御国のこの福音はあらゆる民への証しとして、全世界に宣《の》べ伝えられる。それから、終わりが来る」（24・6、14）。

パウロも、キリストからゆだねられた使命に焦点を当てて次のように言った。「福音を告げ知らせないなら、わたしは不幸なのです」（一コリント9・16）。彼は、以前にキリストの再臨について語ったが（一テサロニケ4・13－18）、教会の人々のなかに、再臨に対する誤解が生じていたため、テサロニケの信徒に警告せざるを得なかった（二テサロニケ2・1－3）。キリスト教がギリシア世界に展開していくなかでパラダイムシフトが必要となった。それはヘレニズム化のパラダイムである。

2　古代教会的－ヘレニズム的パラダイム

初代教会の歴史において、キリスト教にギリシア文化が影響を与える現象を「ヘレニズム化」と言う。初代教会がギリシアの世界（多神教世界・異教世界・異邦人の世界）に移住したときに、キリスト教では新しいパラダイムが現れた。ヘレニズム文化との出会いでキリスト教は変化したのである。

ヘレニズム化の背景には、同時代の思想・文化としての哲学・啓蒙思想、ストア派の哲学、道徳主義、倫理学、グノーシス主義などがあった。初代教会は、キリスト教のメッセージを伝えるために、ヘレニズム用語を使わざるを得なかった。そしてキリスト教の教えは、このヘレニズム用語によって理解されることとなった。

例えば、新約聖書のヨハネによる福音書の冒頭部分（1・1－14）に使用されている「ロゴス」の概念はヘレニズム用語である。

使徒言行録によれば、古代ギリシア（ヘレニズム）世界は神話の神々で満ちていた（17・16以下参照）。この文脈のなかで、使徒パウロは唯一の神とキリストの神秘を伝えることを試みた。キュンクによれば、パウロはヘレニズム化のパラダイムの生みの親であった（Küng, H., 1995）。

パウロは、ユダヤ人の宗教のみならずヘレニズム文化に対しても自由な考え方を持っていた（一コリント9・20－21）。彼は、アテネのアレオパゴス（古代アテネの会議場）で、古代ギリシアの詩人（エピメニデスとアラートス）の詩の一節を引用するなど（使徒言行録17・28）、ヘレニズムの一部の思想家を評価していた。使徒言行録の証言は、キリスト教のメッセージが、当初からその時代の哲学的学説と対決状態にあり、パウロがアテネにおいて、何人かのエピクロス派およびストア派の哲学者と行った討論について語っている（同17・18参照）。

教皇ヨハネ・パウロ二世は次のように言う。アレオパゴスでのこのパウロの話を解釈学的に分析したところ、種々の民間信仰、とりわけストア起源のものについて多くの示唆が明らかになったが、これは偶然の出来事ではない。なぜなら、パウロは異邦人から正しく理解されるために、その話のなかで聴衆に向かって、「モーセと預言者たち」についてだけ言及することはできなかったからである。彼は神についての自然的認識や各人の道徳的良心の声にも頼らざるを得なかった（ローマ1・14－15／19、使徒言行録14・16－17参照）。しかし、異邦人のなかのこの自然認識は偶像崇拝に陥っていたので（ローマ1・21－32参照）、パウロは、当初から神話や密教的祭儀に反対して神的超越性をより尊ぶ概念を主張する哲学者たちの学説に自分の話を結びつけるほうが賢明だと思った（回勅『信仰と理性』36項）。

パウロ以降の時代になると、初代の教父たちはヘレニズム（ギリシア哲学）の思想をさらに取り入れ、キリスト教神学を展開した。慎重かつ理性的にヘレニズムとの積極的な関わりを進めた開拓者たちの一人としてユスティノスが挙げられる。彼はヘレニズムに対して最高の評価を下しながらも、自分はキリスト教のなかに「唯一、確実な実りある哲学」を発見したと力強く、また明白に断言した。同じくアレクサンドリアのクレメンスは福音を「真の哲学」と呼び、キリスト教の信仰への準備となる教えであると理解した（同書38項）。

本書の2章で取り上げた教父たちのほかに、西欧ではテルトゥリアヌス[2]、そして東方ではクレメンスとオリゲネス[3]、その後にアタナシウスとカッパドキアの教父たち（カイサリアのバシレイオス、ナジアンゾスのグレゴリオス、ニュッサのグレゴリオス）[4]などがキリスト教神学を展開した。初代の教父たちによって基礎づけられて、キリスト教神学は中世時代のカトリック神学者によってさらに展開していく。

3　中世的－ローマ・カトリック的パラダイム

中世のパラダイムは、「知解を求める信仰」ということばで表現することができる。中世のカトリック神学者として、アウグスティヌス、アンセルム、アベラール、トマス・アクィナス、ボナヴェントゥラ、スコトゥス、オッカムなどがいる。彼らの神学は、信仰を理解するために理性を駆使した。

中世は三つの時期に区分できる。四－一〇世紀、一一－一三世紀、そして一四－一五世紀の時期である（以下、中世・近世のカトリック教会についてはカトリック中央協議会のウェブサイト「カトリック教会の歴史」を参照した）。

四世紀から一〇世紀にかけては、地中海周辺に限られていたキリスト教がアルプスを越えて全ヨーロッパに広がった伝播の時期といえる。この時代のパラダイムと言えば、アウグスティヌスが展開した神学を挙げることができる。アウグスティヌス（三五四－四三〇）は中世ヨーロッパの神学と哲学の形成に決定的な影響を与えた西欧教父の一人である。使徒パウロからルターに至るまでの時代にあって、アウグスティヌスほど神学と教会に影響を与えた神学者はいない。

五世紀、アウグスティヌスはドナトゥス派やペラギウス派との論争で、ローマ・カトリック教会における「幼児洗礼の議論」「原罪論」「自由意志論」と「恩恵論」の神学を展開した。

七世紀半ばになるとローマ・カトリック教会は大きな課題に直面した。すなわち、イスラームが破竹の勢いで拡大してヨーロッパを包囲する形となり、キリスト教と中東および北アフリカの他の主要な宗教との接触が困難になったのである。イスラーム側による短期間の侵攻で、キリスト教発祥の地や古代教会が栄えた地中海沿岸がことごとく奪われる結果となった。イスラームをキリスト教の敵であると見なした教会の反応が十字軍として現れた。ヨーロッパ諸国のローマ・カトリック教会信者は十字軍を結成し、聖地奪回のための遠征を企てることになった。

一一世紀から一三世紀にかけてはローマ・カトリック教会の最盛期で、教会の指導力が絶頂を極め、学問、建築、修道院など多岐にわたってキリスト教文化が花開いた時期である。

一三世紀には、中世スコラ哲学を代表する神学者トマス・アクィナス（一二二五頃–七四）の『神学大全』によって新たな神学的パラダイムが現れた。中世に困難な問題とされたのは理性と信仰、ないし哲学と神学の関係をめぐるものであったが、トマス・アクィナスは理性と信仰の関係を説明するために「自然と恩恵」の神学を展開した。

一四世紀から一五世紀は衰退期で、キリスト教によるヨーロッパ統一体制も解体に向かい始め、さらに次の宗教改革の時代につながっていく時期である。

一四世紀には教皇権の隆盛にもかげりが見え始め、一三七八年から四〇年近くもの間、ローマに対立教皇が立てられるという異常な事態に進展していった。

この教皇庁の分裂は統一された中世そのものの崩壊を意味した。こうした非常事態を乗り切るために、各国の司教たちは公会議を開催して教会の方針を定めようとしたが、この動きはローマ・カトリック教会の最高権威は公会議のみであるという「公会議至上主義」を生み出し、教皇庁と対立することになった。さらに、アビニョンの教皇幽閉事件や対立教皇の出現を前にして、ジョン・ウィクリフやヤン・フスは、キリスト教の根幹に触れる問い、すなわち、キリスト教とは何か、キリスト教における究極的権威は何かを問うようになった。ウィクリフはそれに答えて、キリスト教を支える究極の権威は教皇や教会、公会議にではなく聖書にあると主張した。彼の思想は多くの点で、一六世紀の宗教改革者たちの思想を先取りしたものであった。彼は、ローマ・カトリック教会を攻撃し、宗教改革を訴えたために異端と宣告され火刑に処せられた。

一五世紀に入ると、フィレンツェ公会議(一四三一‐四九)において、強い排他主義的神学が現れ、一四四二年にはキリスト教以外の諸宗教の人々が救われる余地はないと宣言された。

このように中世においてはローマ・カトリック教会の絶対ということが中心的パラダイムとなった。すなわち、個人が直接神と向き合うのではなく、ローマ・カトリック教会を通じてのみ神と向き合うことができると主張され、ローマ・カトリック教会の組織的、精神的な影響が西欧諸国の社会全体に見られるようになったのである。

4　宗教改革的‐プロテスタント的パラダイム

一五世紀の終わり頃、イタリアの都市フィレンツェのブルジョアを中心に始まったルネサンス運動は広くヨーロッパに拡大した。それは人間性に重きを置き、[5]「原点に戻れ」と主張するものであり、そこから新たな芸術や思想が生まれた。

ルネサンスはカトリック的世界観やローマ・カトリック教会の権威を否定することから始まった。P・ミルワードが述べたように、「ルネサンスによって、中世の神中心の世界観が現実的、人間主義的なものに転換した」のである（「ルネサンス」『新カトリック大事典』）。

一六世紀になると、マルティン・ルターが神のことば、信仰、神の義、そして人間の正当性を新たな解釈で理解した。それは教会の神学における新しい時代の誕生を示すこととなる。ルターはキリスト教の原点に立ち返って、ローマ・カトリック教会の儀式によらない個人の信仰を重視し、聖書解釈に個人的判断が許されると主張した。彼の改革的な思想は中世におけるローマ・カトリック教会の伝統と激しく対立し、ルターはローマ・カトリック教会から破門宣告をされた。ルターの破門宣告の結果、宗教改革者たちがローマ・カトリック教会から離れたことでプロテスタンティズム運動が起こり、プロテスタント的パラダイムが始まった。

ルターとその後の改革者たちは互いに神学的論争を繰り広げたが、彼らは皆、中世の教会理解から新しいパラダイムへの移行を目指していた。改革者たちは、教会が古代の異教徒の文化（ギリシアとローマ）をキリスト教化したことでキリスト教が歪んだものになったと考えたのである。そのため彼らは、聖書を信仰の基準とすることの大切さを教え、キリスト教を異教徒の文化から浄化しようとした。ここで「聖書のみ」という宗教改革の大原理がプロテスタントのパラダイムとなったのである。この過程で改革者たちは、キリスト教以外の諸宗教に対して、より否定的な態度をとるようになった。

5　啓蒙主義的－近代的パラダイム

宗教改革の波が去った後、ヨーロッパでは宗教や信仰に対する関心が自然科学へと移っていった。いわゆる合理主義が登場し、これがキリスト教神学に大きな影響を与えた。合理主義の波に対して、ローマ・カトリック教会はほとんど守りの姿勢に終始し、指導力を失って孤立した。

一八四八年の『共産党宣言』の刊行以後の唯物史観に基づくマルクス主義の台頭は、教会にも多大な影響を及ぼした。

第一バチカン公会議（一八六九－七〇）の開催は、近代思想における誤謬《ごびゅう》を排斥することにあった。この公会議では、教皇がその権限をもって信仰と道徳に関して判断を下すとき、決して誤ることがないといういわゆる教皇不可謬《ふかびゅう》説をカトリックの教義の一部として宣言した。またこの時代、教皇庁は種々の閉鎖的な指針を打ち出し、近代世界の動きのなかでカトリック教会は孤立する結果となった。

聖書や歴史に対する批判的研究は「近代主義」と名づけられ、この世と妥協するものと見なされ、退けられた。また、カトリック学校で進化論の授業を禁じたのもこの時代である。

6 同時代的－エキュメニズム的パラダイム

両世界大戦を経て世界情勢は変化した。戦争によって引き起こされた惨状に直面して、人間には人類を滅ぼす能力があるということが明らかになり、人類を守らなければならないという「人類意識」がますます広がった。この状況のなかで、紛争を回避し、破壊の力から人類を守ることを目的とした国際機関が考えられたのである。

人類意識に伴い、「人類は一つ」であるという深い自覚が教会にも影響を及ぼした。西欧中心であった教会は、世界のほかの地域にもますます拡大していったのである。

こうした時代に生きるローマ・カトリック教会は、第二バチカン公会議に始まる全面的な自己改革の道を断行し、カトリックの神学者は、全人類のための神の計画のなかに、いかにしてカトリック信者以外のすべての人を含めるのかを真剣に考察するようになった。一方で同時期にさまざまなキリスト教派がエキュメニカル運動に積極的に参加するようになった。エキュメニカル運動は、プロテスタントと正教会が加わる世界教会協議会が長年取り組んでおり、カトリックも第二バチカン公会議を経て、これに呼応した。近年では特に、カトリックとプロテスタントのルーテル教会、聖公会の取り組みが成果を挙げている。

宗教改革とトリエント公会議（一五四五－六三）の時代以降、対立していたカトリックとプロテスタントはエキュメニカル運動を通して相互理解を深めた。すべてのキリスト者間の一致を回復するよう促進することは、第二バチカン公会議の主要課題の一つであった（『エキュメニズムに関する教令』1項）。

第二バチカン公会議の後、多くの神学者たちは現場の状況に応じて、実践の神学を展開した。さまざまな地域で、社会的、政治的、宗教的状況に応じて複数の「現代的神学」が生まれた。それは、解放の神学、フェミニスト神学、歴史の神学、地上の現実の神学、行動の神学、世俗化の神学、黒人神学、革命の神学、希望の神学、発展の神学、自由の神学、政治神学、多元主義神学、対話の神学などである。

2　現代のキリスト教神学におけるパラダイムシフト

使徒時代から第二バチカン公会議にかけて、いくつかのパラダイムシフトがあったが、他宗教に関わるものとしては、①教会中心主義、②キリスト中心主義、③神中心主義の三つが挙げられ、それぞれのパラダイムに該当する三つの立場として、排他主義、包括主義、多元主義が挙げられる。現代では、教会中心主義からキリスト中心主義へ、さらにキリスト中心主義から神中心主義へという二つのパラダイムシフトが見られる。「神中心主義」は「宗教的多元主義」とも捉えられる。

1　教会中心主義からキリスト中心主義へ

ローマ・カトリック教会は数世紀にわたって独自の教えをその中心に据えていた。キリスト教史の初期、特に異端者と離教者の時代に、教父たちは「教会に留まること」を強調した。ニカイア・コンスタンチノープル信条により、「教会」は信仰の対象とされる。教会が「聖」「普遍」であり、「使徒的」、また「唯一」であると信じることは、父と子と聖霊である神への信仰と切り離すことができない。それゆえ、カトリック信者は、多かれ少なかれ「教会中心」の考え方を持っている。教会と言えば、信者たちは、ローマ・カトリック教会のことしか考えない。これこそ第二バチカン公会議までの教会論であった。

第二バチカン公会議はこれまでの教会論を見直して、カトリック教会以外の諸教会を認めた（『教会憲章』15項）。正教会、プロテスタント諸教会、聖公会などを認めたことは、ローマ・カトリック教会の態度の大きな転換を示している。公会議の教父たちは、次のように述べている。

キリスト教の聖なる活動も、われわれから分かれた兄弟の間で少なからず行われている。それらはそれぞれの教会や共同体の異なった状態に応じた種々のしかたで、疑いもなく恵みのいのちを実際に生み出すことができ、救いの交わりへの入り口を開けることができるというべきである（『エキュメニズムに関する教令』3項）。

キリストは分かれた諸教会と諸共同体をも救いの手段として使う、と第二バチカン公会議は認めた。しかし、救い主が復活の後、ペトロに託した教会はローマ・カトリック教会のなかに見いだされるとされた（『教会憲章』8項）。恵みと真理の充満、救いの手段の力はカトリック教会にゆだねられているというようにローマ・カトリック教会が中心とされている。しかし、救いのすべての手段をもっていても、教会は、あくまでもキリストに使われている道具にすぎない。この意味で、教会中心主義の傾向から、キリストに焦点を置き換える。

教会中心主義からキリスト中心主義へのパラダイムシフトは、大きな意義のある転換である。このシフトは、教会の「脱中心化」とキリストの「再中心化」という重大な結果を引き起こした。このようにキリスト教の中心は教会ではなく、イエス・キリスト自身であることが強調されるようになった。

『教会憲章』1項で述べられているように、教会はキリストにおける秘跡、神との親密な交わりと全人類一致のしるしであり、道具である。救いに関して、教会はキリストの手に握られた「道具」であり、教会はキリストの秘義から生まれ、この秘義との関係のもとでのみ存在理由がある（デュプイ『キリスト教と諸宗教』一五五頁）。

デュプイが指摘しているように、全人類の救いに関するイエス・キリストの持つ役割と教会の役割は決して同じレベルのものではなく、断じて同じレベルに置かれてはならないものである。キリストの役割と同じ必然性を教会に帰することは決してできない（同書一五六頁）。なぜなら、イエス・キリストのみが神と人間との間の唯一の仲介者だからである。したがって、キリスト教神学は教会を中心にすべきではなく、イエス・キリストを中心とするべきである（バルト／ゴルヴィツアー編『教会教義学』一一七頁）。第三千年紀の神学において、教会の「脱中心化」とキリストの「再中心化」は不可欠である。イエス・キリストは、キリスト教の信仰の中心的位置を占める。教会中心主義からキリストの「再中心化」へというシフトは、神のオイコノミアにおけるキリストの救いの秘義を再び考えさせられる。

「キリストの再中心化」または「キリスト中心主義」は、宗教改革でのルターの「十字架の神学」の成立によって顕著な形となるが、さかのぼれば初代教会の時代にまで至る。新約聖書の中心的なメッセージは、常にイエス・キリストを神のわざの中心に位置づけている（コロサイ1・15－20、エフェソ1・3－14、ヨハネ3・16－17、使徒言行録10・44－48、17・24－31）。

諸宗教に関するキリスト教の神学のために、排他主義から包括主義へのパラダイムシフトが必要であるように、救いに関してイエス・キリストの持つ役割と教会の役割を明確に区別する必要がある。神学者たちは、キリストの「再中心化」に焦点を当てることによって、救いの秘義を教会の境界線をはるかに越えて考察することを求めた。デュプイは、「キリスト中心主義」を包括主義の立場として理解している。

2 キリスト中心主義から神中心主義へ

宗教的多元性が神学に新たな問題を与えた。他の諸宗教に関するキリスト教神学における第二の主なパラダイムシフトは、「キリスト中心主義」から「神中心主義」への転換である。最近の神学的な議論は、「神中心主義」を主張する傾向を示しており、この主張を進展させようとする神学研究者が数多くいる。

宗教的多元性を前にして、神学研究者たちは救済のオイコノミアをいかにしてキリスト教以外の諸宗教に広げることができるのかを考察した。宗教的多元性の影響で、研究者たちのなかには、伝統的に理解されてきた全人類の救いにおけるイエス・キリストの中心性を拒否する者も出てきた。

一九世紀初頭、ドイツのプロテスタント神学者フリードリヒ・シュライエルマッハーは、すでにキリスト教におけるリベラル神学を始めていた。彼は、キリスト教が唯一の真の宗教であるという主張を否定したが、この見解は既に広がっていた同時代の思想的傾向でもあった。

エルンスト・トレルチもキリスト教を文化的状況に関係づけようと努め、すべての宗教の主張はその文化の全体構造と関わる相対的なものとして示さなければならないと主張した。彼は、代表的な著作『キリスト教の絶対性と宗教の歴史』のなかで、キリスト教の絶対性について批判的に考察している。彼にとって、キリスト教は救いの唯一の容器ではない（高橋章「トレルチ」『新カトリック大事典』）。

トレルチ以降に現れた思想家たちはキリスト教の絶対性を主張するキリスト教の神学から距離を置き、神学研究者たちの間では宗教的多元性の認識が強まった。

この新しい展望のなかで、神学は神のみを中心に据えねばならないと考えられるようになった。

このことを主張する思想家たちは、神の啓示と神秘はイエス・キリストだけに限定することはできないと考えている。こうした考え方のもと、宗教的多元主義はキリスト中心のパラダイムを超えて、神中心のパラダイムを基礎づけたのである。

この考え方からは、これまでの神学におけるキリスト論の重要な問題点に対して疑問が生じてくる。神中心のパラダイムがキリスト中心のパラダイムに置き換わるので、キリストの救いの出来事はもはや救済のオイコノミアの中心ではなくなるのである。

デュプイが示しているように、「キリスト中心主義」から「神中心主義」へのシフトによって伝統的なイエス・キリストを中心とした信仰が拒否されることになる（『キリスト教と諸宗教』一五六頁）。言い換えれば、キリスト教の絶対性と全人類の救いにおけるイエス・キリストの唯一の役割への信仰が否定されることになる。

以下、宗教的多元性問題をめぐる議論に口火を切ったジョン・ヒックとポール・ニッターのアプローチを批判的に取り上げて分析する。彼らのアプローチとデュプイのアプローチを考察して、対話の神学に向けた新たな焦点を提案したい。

a　ジョン・ヒックの視点

ヒックは、「キリスト中心主義」から離れて、キリスト教以外の諸宗教のなかにも神の啓示は現れていると主張し、「神中心主義」の思想を展開したのである。デュプイが述べたように、ヒックはキリスト教神学における「キリスト中心主義」から「神中心主義」への「コペルニクス的転換」を求めたのである（同書一五七頁）。ヒックにとって、神が一つの宗教の人々だけを救うという考え方は反キリスト教的なのである。この理論に従って彼はキリスト教神学に対して極端な立場をとり、さらに、神学的なルビコン川を渡った（ヒック／ニッター編『キリスト教の絶対性を超えて』四二頁）。彼は、キリスト中心主義や神中心主義のパラダイムを超え、キリストの「出来事」を否定し、神という名称を避けて「究極的実在」という表現に置き換え、「実在中心」のモデルを提案した。

ヒックが提案したこのモデルによれば、すべての宗教はそれぞれ異なる方法で「究極的実在」、あるいは「神的な絶対性」へと方向づけられている。ヒックは、キリスト教が「天の父」と呼ぶ「神」を「超越的な究極リアリティ」、または「究極的実在」「神的実在」、あるいは「実在者」と名づけた（『宗教多元主義への道』一七三頁）。

各宗教の神への呼び名は違うが、恐らく同じ神を指している。神は多くの名前を持つとヒックは主張した。教会では「ゴッド」、ユダヤ教の会堂では「アドナイ、ヤハウェ」、イスラーム寺院では「アッラー」、ヒンズー教寺院では「ラーマ」とか「クリシェナ」、コンゴ民主共和国のカサイ州の伝統的な宗教では「ムロポ・マウェジャ」と呼ばれている。

これらの名はそれぞれ異なる神なのか、それとも同じ「究極的実在」に対する異なる名前なのかについて、ヒックは以下のような三つの可能性を論じた。

第一の可能性は、存在論的に多くの神が存在するということである。しかしこのことは、神が世界の創造主であるとか、世界の根源であるというそれぞれに関する信念とは相容れない。

第二の可能性は、一つの信仰共同体だけが神を礼拝しているのであって、他の信仰共同体は想像上においてのみ存在する像を虚しく礼拝しているにすぎないということである。しかし、キリスト教自体においてさえ、神についての考え方はさまざまに重なり合っているではないかとヒックは問いかける。すなわち、個々の異なるキリスト信者までも、例えば厳しい審判者としての神の像、また愛と恵みに富む天の父としての神の像など、実は自分自身の像に合わせて神的存在を礼拝しているのではないかと。

第三の可能性は、万物の創造主である唯一の神が存在しており、世界の主要宗教の信仰者たちは、事実上、この唯一の神を礼拝しているというものである。ヒックは、これを「最もあり得そうに思えるにちがいない」と言う（『神は多くの名前をもつ』一〇二－一〇三頁）。

この件について、わたしはヒックの見解に賛同できる。わたしのアフリカでの経験から見れば、太古からアフリカでは神はさまざまな名前で呼ばれて礼拝されていた。

神は多くの名前を持つというヒックの思想は、遠藤周作の小説『深い河《ディープ・リバー》』にも見られる。遠藤はその作品で登場人物に、神（イエス）は愛、命のぬくもり、もしくは「トマト」でも「玉ねぎ」と呼んでもいいと語らせる。神の存在はユダヤ教にも、イスラームにも、仏教や神道、キリスト教にも見いだすことができると確信していた彼は、ヒックの「神は多くの名前をもつ」という主張に共感していた。作中の人物は次のようにも語る。

神は色々な顔を持っておられる。ヨーロッパの教会やチャペルだけでなく、ユダヤ教徒にも仏教の信徒のなかにもヒンズー教の信者にも神はおられると思います。……神は幾つもの顔をもたれ、それぞれの宗教にもかくれておられる(『深い河《ディープ・リバー》』一九六―一九八頁)。

ヒックは、すべての宗教が救済への道であるとするが、この主張は証明できない。救済は宗教によって異なる意味を持ち、キリスト教が述べる救済をすべての宗教が目標としているわけではない。各宗教の目標が明らかに異なるなら、すべての宗教が示している道が等しく有効であると言える基準はないと、わたしは思う。

b　ポール・ニッターの視点と他の神学モデル

ニッターは神中心的モデルを「神の国中心主義」、または「救済中心主義」モデルで置換することを提案した。世界のあらゆる諸宗教は、救いと人間の解放のメッセージを提供するものであり、目的や追求される道は多様であっても、あらゆる宗教はその信者のための救いの道となり得ると言う（『キリスト教と諸宗教』一六一頁）。

彼によると、あらゆる宗教は地上における神の国の成長のために異なる角度から貢献している。神学の新しい焦点は、キリスト教も含めて諸宗教がともに向かってゆく歴史の到達点としての神の国である。

宗教的多元性の現状に即して、確かにイエス・キリストの福音宣教の中心メッセージである「神の国」をより深く考察する必要がある。しかし、「神の国」を最高の意味で説く「キリスト」自身とその救いのわざを無視すれば、神の国を正しく理解することができない。これがわたしの見解である。

「キリスト中心主義」にとって代わる他の神学的モデルを提案した神学者もいる。彼らは、「ロゴス中心主義」と「聖霊中心主義」に注意を向けさせ、「ロゴス」と「聖霊」の働きをキリストの出来事から切り離そうとした。彼らはいかなる出来事、いかなる状況においても救うのは「ロゴス」、すなわち「神のみことば」であってイエス・キリストではないと主張する。

アロイシャス・ピエリスにとって、啓示し、救い、変容するのは、神のみことば自身である。「キリスト」は称号であって、称号そのものは何かを救うことはできない（同書一六三頁）。このように、イエス・キリストの出来事は「みことば」の救いのわざから切り離されている。

「聖霊中心」を主張する神学者たちは、聖霊による普遍的な働きとイエス・キリストの働きを区別する。彼らによれば、聖霊は独立した「救済のオイコノミア」で救いを与えるのである。イエスの出来事は歴史において、一定の時間と空間のなかで起きたことなので限界がある。しかし、聖霊の救いの計画は空間や時間にしばられていない。あらゆる束縛から自由である霊は「思いのままに吹く」（ヨハネ3・8）からである（同書一六五頁）。

3 パラダイムシフトにおける問題

わたしは、これまで見てきたパラダイムシフトについては賛同するが、キリスト教神学においては「キリスト中心主義」から「神中心主義」へのシフトは考えられない。「神中心主義」と「キリスト中心主義」は本質的には異なるパラダイムではなく、逆に同じキリスト教神学の分離できない側面なのである。キリスト中心主義は、神中心主義に対立するものではない。それは教会が神の位置にイエス・キリストを置いたことが決してないことからもわかる。キリスト教神学は「キリスト中心主義」か「神中心主義」かという二者択一のジレンマに陥るものではない。

キリスト教神学は、キリスト中心であることによって神中心であり、その逆もまた言えるのである。神こそ神学の主題であると力説したトマス・アクィナスでさえ、救済論においてキリスト中心主義を放棄することはできなかった。

「ロゴス中心主義」と「キリスト中心主義」もまた、互いに対立するものではない。同様に

「聖霊中心主義」は「キリスト中心主義」から切り離すことはできない。キリストの働きと聖霊の働きとを区別することはできるが、救済のオイコノミアにおいて両者を決して切り離すことはできない。救済のオイコノミアのなかで、キリストと聖霊は互いに補足し合うのである。

次節では、どのようにキリストと聖霊の働きが互いに補足し合うのか、三位一体的キリスト論を検討していく。

3　三位一体的なキリスト論の提案

デュプイは宗教的多元性を理解する鍵として、三位一体的なキリスト論を提案した。三位一体的キリスト論は、救いの歴史における父と子と聖霊の相互関係を明確にする。三位一体的キリスト論において、救済のオイコノミアにおける宗教的多元性の位置づけを考えることができる。ここではまず、「救いの歴史」と「聖なる歴史」を明確に区別し、「救いの歴史」における三位一体の働きがいかに諸宗教の伝統に及ぶのかを見ていきたい。

1　救いの歴史

キリスト教神学では、「聖なる歴史」と「救いの歴史・救済史」という表現がよく使われている。キリスト教の啓示は本来さまざまな思想の集大成といったものでなく、むしろ神が人間の救いのために行った歴史である。キリスト教における救済のオイコノミアは、神と人類との歩みの歴史を通してしか理解できない。神が人類の歴史に介入して、人類の救いの歴史を導いている。この救いの歴史はいつ、どのように始まったのか。

「救いの歴史」の始まりをアブラハムの召命に位置づけようとする傾向があるが、わたしは、神が人類史のうちに自らを現したのはアブラハムの召命に限らないと思う。アブラハムの召命かに記されたアブラハム召命から始まる歴史は「聖なる歴史」であると言えるが、「救いの歴史」の出発点ではない。旧約聖書に記されたアブラハムのに対する神の啓示は、「救いの約束」に関するものである。聖書によると、アブラハムは全人類に対する神の救いの約束を受けた最初の人物であるが、アブラハム以前に神は、すでに人類を救う計画を持っていた。

デュプイが述べたように、救いの歴史の始まりをアブラハムの召命に位置づけようとするあらゆる試みは、その出発点から「救いの歴史」の幅を狭くするため到底受け入れることはできない（『キリスト教と諸宗教』一九三頁）。

より幅広い意味で救いの歴史を定義するならば、人類の初めであるアダムとエバの堕落によって失った姿を取り戻すために、万物を新たにしようとする神の内に始まった歴史と言うこともできる。つまり、救済史は創造から神の内に始まる。創造は全人類の救済史の出発点であり、創造と堕落は救済史における重大な主題である。これらの主題は全人類史の始まりに関連する。

カール・ラーナーも同様の見解を持っており、彼にとって救いの歴史とは、全人類の歴史と共存し（『キリスト教とは何か』一九〇頁）、神の自己譲与の出来事それ自体なのである。しかも、神の自己譲与は聖書以外の人々と諸宗教にも及ぶ。神にかたどって造られたものであるから、各人は聖なる歴史である。それゆえ、神の自己譲与の可能性がすべての人に与えられている。

2 デュプイの三位一体的なキリスト論

三位一体の教義は、キリスト教神学におけるすべての神秘を照らす光であり、キリスト教信仰の源である。『カトリック教会のカテキズム』が指摘するように、三位一体は「信仰の『諸真理の順位』の中で、もっとも基本的で本質的な教え」（２３４項）である。この教義は、神はどのような方なのか、神はどのように全人類と関わっているのか、神はどのように全人類を救うのかを定義する。三位一体の交わりの内にすべての人の救いの歴史が根差している。初代キリスト教の教父たちは、神ご自身の啓示（三位一体）と神の救いの営み（オイコノミア）を区別する。前者は「テオロギア」で、後者は「オイコノミア」である。「テオロギアはオイコノミアを通してわたしたちに啓示されますが、逆に、テオロギアがオイコノミアのすべてを解明します」（２３６項）。

「三位一体」の語は聖書には見いだされないが、二世紀頃にイエス・キリストと御父との関係について生じた問題を解決するために用いられた語である。この語は最初にギリシア語の「一つにまとめられた三つのもの」を意味する「トリアス」(Trias) で表された。

アンティオキアの第六代司教テオフィロス（?‐一八六頃）は初めて、「トリアス」の語を使用した。ラテン語を語源とし、「トリニタス」を最初に用いたのは、二世紀のラテン教父・神学者テルトゥリアヌス（一五五頃‐二二〇以後）である。彼は三位一体論を系統的に論じた最初の人物である。

P・ネメシェギが述べたように、すでに二世紀のキリスト者が残した文書のなかでイエスはしばしば「神」と呼ばれている。そこで、「御父は唯一の神である」という主張と「御子キリストも神である」という主張とをどのように調和させることができるかという問題が起こり（「三位一体」『新カトリック大事典』）、この問題をめぐって正統と異端の論争が相当長く続いた。[6]

この問題を解決するためにさまざまな説が生じた。なかには、イエスは「神の子の霊」の授与によって神の子の資格を得られた人間とみなすキリスト養子説、父と子と聖霊を唯一の神の三つの顕現様式とみなすモダリズム（モナルキアニズム）説、御子と聖霊を最高の父なる神と物質世界との間に位置づけられた仲間的なものとみなす従属説などがあった。これらの説を超えて、「トリニタス」説はこの問題に正しい解決を与えた。

デュプイは、救済のオイコノミアにおける「三位一体」の各ペルソナ、すなわち、父と子と聖霊の相互の位格的な関係性を明確にした。

a　父と子と聖霊との相互関係

三位一体の源は御父なる神である。救済のオイコノミアにおいて御父の位置は交換できない位置である（『キリスト教と諸宗教』九二頁）。神は一切のものの根源であり、全人類の救いに対する超越的権威を持つのである。救済のオイコノミアの第一義的な原因は御父である。デュプイによれば、全人類に向けられた「普遍的な救済意志」は御子に帰せられるものではなく、御父に属するものである。

使徒伝承に従い、教会は三二五年のニカイア公会議で、子は「父と同一実体のもの」である、すなわち父と一体の神「同一本質」であると宣言した。さらに、三八一年のコンスタンティノープルの第二回公会議においてこの宣言の表現を維持した（『カトリック教会のカテキズム』242項）。子は、御父の救いのわざ「オイコノミア」の中心である。スキレベークス（スヒレベーク）が述べたように、「子は父から『派遣』すなわち、父の名で遂行すべき委託をも受ける」（『イエス』三三五頁）。子は御父に従う（ヘブライ10・9、ヨハネ5・30）。

父なる神と子であるイエス・キリストの間にある唯一無比の近さは決して忘れられない。同時に、父と子との間には架橋不可能な距離があることをも認めるべきである。

デュプイは三位一体における聖霊の存在に目を向ける。聖霊は三位一体的なキリスト論の考察の出発点である。聖霊は全人類に差し伸べられた神の手である。聖霊は、キリストの霊であり、キリストの霊がいるところにキリストもおられる。また逆も真なりである（『キリスト教と諸宗教』一八一－一八二頁）。だから、聖霊を抜きにして三位一体的なキリスト論は成立し得ない。独り子と聖霊の機能は、はっきりと区別される必要がある一方、この二者の間には二分割はなく、唯一の救いへと向かう神の計画の内で完全に補完的な関係性がある。

永遠の神のことば「ロゴス」である御子と聖霊は、御父の計画を実現する「神の両腕」である。両者は全人類の歴史で働く。バーネス（Barnes, M.）によれば、三位一体的なキリスト論を重視すれば、宗教的多元性の問題に対して答えを見いだすことができる。キリスト教神学は、あらゆる宗教において、キリストと聖霊がいかに働いているのかを見極める必要がある。

b　神のみことば「ロゴス」の普遍的な働き

「ロゴス」は宗教の境界線を越えて、すべての人を救済のオイコノミアに招き入れる。デュプイは、全人類の歴史のなかで「ロゴス」の普遍的な働きはみことばの受肉の前と後で行われるとする。ロゴスの働きは、決してイエス・キリストが人間となった歴史的な出来事にのみ関連づけられるものではない（『キリスト教と諸宗教』二九三頁）。

この点に関して、提起される問題は「神のみことば」と「人間イエス・キリスト」との間の関係性に直接に関わる。この問題は、特に諸宗教に関するキリスト教神学の背景のもとでは、以前よりもましてより鮮烈な問いになる。「実際、誰が救い主なのか、イエス・キリストか神のみことばか」という問いになる（同書二五九頁）。

すでに示したように、「ロゴス中心主義」の説には「神のみことば」の働きと「イエス・キリストの出来事」とを二つの異なる道として分けようとする傾向がある。しかし、誤ったこの傾向に抗して、わたしはキリスト教神学の立場から「神のみことば」と「イエス・キリスト」は同じであると言わざるを得ない。イエス・キリストにおいて、肉となった神のみことば以外に他の神のみことばは存在しないのである。

デュプイは、同様の見解を持っているが、「神のみことば」を「受肉以前のみことば」と「受肉したみことば」という二つの状態に区別する。前者は「受肉を予定されていたみことば」の状態を指し、後者は人間となった（ケノーシス状態の）神のみことばを指している（同書二六二頁）。

神のみことばの働きはイエス・キリストが生まれる前にも行われており、イエス・キリストの出来事の後にも続く。イエス・キリストは、受肉した神のみことばであることは間違いない。みことばの受肉は、歴史的な出来事として、時と場所に制約される。しかし、このみことばは神の秘義の永遠性の内に存在するので、世界と人間の歴史のなかにあまねく現存し、働いているものである。したがって、神のみことばは歴史全体を通して、史的な出来事としての受肉の秘義以前も以後も働いている。

旧約聖書では、「神のみことば」の普遍的な働きは、「神的な知恵の存在、働きと効力」として理解されている。特に、知恵文学では「知恵」の「実体化」、あるいは「人格化」がよりはっきりと示されている。例えば、ヨブ記28章1－28節では、知恵は神的な救いの計画の人格化された表現として現れる。知恵は、人間の目には隠されているが、創造から人間の歴史のなかで働く。ヨブが言うように「人間はそれ〔知恵〕が備えられた場を知らない。／……その道を知っているのは神。／神こそ、その場所を知っておられる」（13、23節）。

箴言8章では、知恵は一人の人格として現れ、その声を響かせながらそれに耳を傾け、その声に学び従うようにと人々を招き寄せる（1、4、22、30－31節）。

知恵の書9章1－18節では、知恵と神の霊は互いに非常に近い類似の関係にある。知恵のあるところに神の霊もある。神のもとからの知恵と霊の働きがなければ誰も神のみ旨を知ることができない（1－2、9－11、17－18節参照）。

旧約聖書の知恵文学のメッセージは新約聖書に受け継がれた。新約聖書では、神の知恵の存在とその働きは「神のみことば」の普遍的な働きを通して深められている。神の知恵（旧約聖書）と神のみことば（新約聖書）は、時にほぼ同一視される。

新約聖書では、イエス・キリストは神の知恵と神のみことばであると見なされている。受肉する前に「神のみことば」の働きは全人類に及び、さまざまな形で全人類の歴史のなかに神のみ旨を人間に伝えた。

ヨハネ福音書の冒頭部分で、はっきりとみことばの受肉をイエス・キリストにおいて見ている。ヨハネ1章1－14節は受肉する予定の神のみことばとして取り上げているが、それは受肉以前のみことばであって、神の秘義としてすでに存在し、人類の歴史のまさに初めから働いておられると言っている（『キリスト教と諸宗教』二六二頁）。

みことばの受肉とキリストの復活の後においても、神のことばは継続的に全人類の歴史のなかに働くのである。さまざまな宗教的伝統のなかに、神の真理の種子を蒔いたのは神のみことばである。神のみことばは、いまでも民族と諸宗教のなかに真理の種子を蒔き続ける。

c　聖霊の普遍的な働き

デュプイの三位一体的なキリスト論では神のみことばの継続する働きと同様に、聖霊の普遍的な働きにも目を向けさせられる。彼のキリスト論は「聖霊論的キリスト論」でもある。聖霊についての彼の主張は、「キリストの出来事の前にも後にも、神の霊は普遍的に現存し、働いている」（同書三二四頁）とまとめられる。

新約聖書によると、キリストに帰属されるすべての救済の賜物は聖霊にも帰属されるのである（一コリント6・11、一ペトロ1・2、フィリピ2・1、二コリント13・13参照）。救済のオイコノミアを達成するために、両者の個別の働きは一つに集中される。
救済のオイコノミアは一つであるから、神は、ことばと聖霊を用いて救いのわざを全うする。
このことについて、『カトリック教会のカテキズム』は、次のように述べる。

御父が御子をお遣わしになるときは、つねに聖霊もお遣わしになります。御子と聖霊の派遣は共同のものです。両者は区別されますが、分離されえません。確かに、キリストは見えない神の見える姿であるということは明らかですが、そのキリストを啓示するのは、聖霊なのです（689項）。

パヴェル・エヴドキーモフは聖霊の働きと神のみことばの働きを区別して、次のように述べている。

みことばと霊は、エイレナイオスの表現にあるように、「神の二本の腕」であるが、御父を顕現させるこの二つの働きは切り離すことはできない。しかし、言葉では説明し尽くせない区別を持っている。霊は独り子への従属的関係にあるのでもなく、みことばの単なる一つの機能などでもない。彼は、第二の弁護者である。独り子と霊の二つの救いの計画には相互性があり、互いに奉仕し合う。しかし、聖霊降臨は単なる受肉の結果あるいは継続ではない。聖霊降臨は、そのもので十全な価値があり、「それは御父の第二のわざを代表する」。御父は独り子を遣わし、いまや聖霊をも遣わす。キリストがその使命を完了して御父の元に帰り、その結果として聖霊自身が人間の内に降りて来る（『キリスト教と諸宗教』三二七頁）。

わたしはエヴドキーモフの見解に賛同する。ローマ・カトリック教会では「聖霊は父と子から出る」と宣言される。ここでは昔の「子から」の霊の「発出」に関する論争を復活させるつもりはない。しかし、救済のオイコノミアにおける聖霊の働きを弱める聖書の解釈には同意しない。第二バチカン公会議が明らかにしているように、聖霊はイエス・キリストの出来事以前に、創造の初めから歴史を通して働いていた（『教会の宣教活動に関する教令』4項、教皇ヨハネ・パウロ二世回勅『聖霊』53項）。聖霊はキリストの代替ではなく、まして時としてキリストとロゴスとの間に存在するとされる空隙《くうげき》を埋める存在などでもない、とヨハネ・パウロ二世は述べた（回勅『救い主の使命』29項）。

聖霊が救いの歴史の初めから働いているとすれば、全人類のあらゆる民族と宗教的な伝統のなかにも働いていると理解される。使徒的勧告『アジアにおける教会』において、教皇ヨハネ・パウロ二世は、次のように述べる。

救いの歴史は、聖霊の導きのもとに、御父の永遠の計画に従って世界の舞台で、さらには宇宙の舞台で明らかになります。旧約聖書に示されているように、創造の初めに聖霊によって始められたその計画は、イエス・キリストの恵みを通して成し遂げられ、最後の時に主が栄光のうちに再び来られるまで、同じ聖霊による新たな創造において継続されています（16項）。

聖霊は永遠の神のみことばと同様に救いのわざを成し遂げる。パウロはエフェソの人々に次のように述べている。「一つの霊（聖霊）に結ばれて、御父に近づくことができる」（エフェソ2・18）。聖霊は、いつでも、どこにおいても存在し、風のように自由に働いている。イエスははっきりとニコデモに伝えたように「風は思いのままに吹く。あなたはその音を聞いても、それがどこから来て、どこへ行くかを知らない」（ヨハネ3・8）。要するに、聖霊の活動は普遍的で、決して空間と時間によって限定されないのである。

聖霊は、見えない方法で諸宗教の信者をキリストの復活の神秘に結び、人間の心、歴史、諸文化と諸宗教のなかにも神のわざを成し遂げている。第二バチカン公会議はこの事実について「聖霊が神に知られている方法で、復活の神秘にあずかる可能性をすべての人々に提供する」（『現代世界憲章』22項）と述べている。また、教皇ヨハネ・パウロ二世は第二バチカン公会議の教えを引用しながら次のように述べた。

実際、「聖霊は神のみが知りたもう方法によって、すべての人に復活秘義にあずかる可能性を提供されることをわたしたちは信じなければならないのです」。教会は、「神の霊が人間に絶えずすすめているので、人間が宗教問題についてまったく無関心ではありえないことを知っており」、そして「人間は常に自分の生命と活動と死の意味を知ろうと望むはずである」ことを知っています。ですから、聖霊は、人間の存在と宗教についての問いかけ、すなわち、偶然の状況によって引き起こされた問いかけではなく、人間の存在そのものから起こってくる問いかけの源泉そのものなのです（回勅『救い主の使命』28項）。

ローマ・カトリック教会の信者が他の諸宗教と関わるときには二種類の尊敬を示さなければならない。それは、「自分の人生についてのもっとも深い疑問に対する回答を求めている人への尊敬と、人のなかで働いている霊の働きへの尊敬」である。このような態度は、他宗教のなかでの神の働きを理解する際の堅固な基礎となり、救済のオイコノミアにおける他の諸宗教の役割を正しく評価することができる。現代の宗教的多元性の現状に即して、わたしはすべての民族と諸宗教、諸文化の間に真理の種子を蒔き続けている聖霊の多種多様な活動に注意を払う必要があると思う。

4　対話の神学

宗教的多元性の範疇での救済論をめぐる議論は、キリスト教の教義の主張を相対化しようとする反動的な自由主義にある。諸宗教に関するキリスト教神学のパラダイム間のジレンマを乗り越えなければならず、さらに、「絶対主義」と「相対主義」の双方を避ける必要がある。

宗教的多元性の問題に対する答えは、「キリスト中心主義」から「神中心主義」への位置づけの転換のなかに見いだすことはできない（『キリスト教と諸宗教』一六九頁）。宗教的多元性の問題に対する答えは、「対話の神学」のなかに答えを見いだすことができる。デュプイによれば、宗教的多元性は事実としてだけでなく、原理としても真剣に受け入れられ、歓迎される必要がある。

人類に対する神の救いの営みのなかで、宗教的多元性が持つ位置づけを認めなければならない。他の人々の信仰と出会うことによって、それぞれの宗教が神の救済の営みのために果たしている役割を認めなければならない。

救済のオイコノミアは、キリスト教をはるかに超えるほど、全人類のためにあるということを再発見する必要がある。どの宗教でも救済のオイコノミアにおける神の思いを完全には理解していない。なぜなら、神の計画が人間の理性から隠されているからである（コロサイ1・26参照）。

救済のオイコノミアをより深く理解するために、他の諸宗教と関わる必要がある。なぜなら、救済のオイコノミアは全人類の歴史に及ぶからである。他の諸宗教と関わる方法として、わたしは「対話の神学」を提案する。ここで言う「対話の神学」とは、「対話のための神学」ではない。「対話のための神学」はこれまで分析されてきたパラダイムシフトにつながっている。

「対話の神学」構築のためにまず必要なことは、救済のオイコノミアにおける宗教的多元性の位置づけを認識することである。対話を通して神学的な考察を積み重ねることができる。

したがって、次章では救済のオイコノミアにおける宗教的多元性の位置づけについて考察していきたい。

4章　救済のオイコノミアにおける宗教的多元性の位置づけ

3章でわたしが答えようとした問題は、キリスト教の歴史においてどのようなパラダイムが現れたのか、キリスト教神学ではパラダイムシフトが必要なのかということである。キリスト教神学はダイナミックで、進歩している。現代の宗教的多元性という現状に即して、教会中心主義からキリスト中心主義へのシフト、さらにキリスト中心主義から神中心主義へのシフトが考えられてきた。本章では、わたしの独自の考えを述べる。

キリスト教神学ではローマ・カトリック教会に属していない人々が救われることが可能かどうかということに関し、何世紀にもわたり議論を重ねてきた。近代のキリスト教神学における問題点は、救済のオイコノミアにおける宗教的多元性の位置づけである。

本章では、三つのポイントについて分析したい。1節では、ジェラルド・マクダーモット（McDermott, Gerald R.）の論考を参考にしながら、なぜこれほど多くの宗教が存在しているのかということに焦点を当てる。神の視点から見て宗教的多元性は無意味なのか。ここでは宗教的多元性を救済のオイコノミアのなかで神が認めたものとして歓迎すべきか、それとも完全に神の統制外であるとして拒絶すべきなのかを分析する。諸宗教の存在の意味を説くために、次に、神が全人類と結んだ契約について分析する。キリスト教神学における神は人類と契約を結ぶ神である。聖書が語る諸契約のなかにキリスト教以外の諸宗教を位置づけることができるのかを考察する。

神が諸民族と結んだ契約を分析した後で、2節では諸宗教は救済のオイコノミアのなかでどんな役割を担っているのかということについて、検討していく。

最後に、救済のオイコノミアにおける仲介者の問題についての見解を述べる。イエス・キリストのかけがえのない仲介とアフリカの伝統的な宗教における先祖の仲介を比較したい。

救済のオイコノミアにおける宗教的多元性の位置づけを考察する際には二つの極論を回避する。一つは、救済のオイコノミアにおけるイエス・キリストの出来事を拒否する一部の多元主義者の見解であり、もう一つは、キリスト教以外の諸宗教にも考慮すべき真実が含まれているということを否定しがちな原理主義者の見解である。

1　宗教的多元性と神の意志

世界にはたくさんの宗教が存在しているという事実は認めざるを得ない。神が用意した救いの計画から宗教的多元性を削除することはできない。諸宗教はそれぞれの視点から神について語っている。どの宗教が真実を語るのかはここでの問題ではない。第二バチカン公会議を通して、ローマ・カトリック教会は非キリスト教の諸宗教にもある程度の真理があると認めた（『教会憲章』16項）。本節では宗教的多元性の存在について、自らの見解を示したい。

1　神へのあこがれ

マックス・ミュラー（Müller, M.）は、人類が初めて自然と向き合ったその瞬間から宗教的感情がおのずから生まれ、人間にはおのずから「信仰する能力」、無限なるものを認知する性能が備わっていると考えていた。

宗教はそれぞれの歴史と神についての話し方がある。啓示宗教であれ、民族宗教であれ、新宗教であれ、宗教は、人間を超えた存在者（神）へのあこがれの表現である。宗教は世界のなかの神の存在のしるしである。

すべての人は知ることを望んでいる。この望みの対象は真理「神」である（教皇ヨハネ・パウロ二世回勅『信仰と理性』25項）。世俗化された社会において多くの現代人は、自分は神へのあこがれなどもっていないと反論するかもしれない。しかし、神へのあこがれはすべての人の心に刻まれている。人間は神によって、神に向けて造られているからである。

南アフリカのデズモンド・ツツ大主教が子どもたちに簡単に説明したように、「はなす　ことばや、かみさまへの　はなしかたが　ちがっていても。めの　いろや　はだの　いろが　ちがっていても」「わたしたち　ひとりひとりの　なかには　かみさまの　こころの　かけらがある」（『かみさまのゆめ』）。神はたえず人間をご自分に引き寄せておられる。人間はただ神のうちにだけ、求めてやまない真理と幸福を見いだす。

諸宗教は、人間側の神へのあこがれの異なる表現であると言える。キリスト教が誕生する前に昔から人間はさまざまな問題を解明するために神を探究した。使徒パウロによれば、地上において、人間はどこにいても神を探し求めることができるし、神を求めさえすれば神を見いだすことができるのである（使徒言行録17・26－28）。

わたしにとって、神へのあこがれは宗教的多元性の一つの原因である。人間は宗教的な存在である。神への話し方が違っていても、神へのあこがれを示している諸宗教は人間の根本的な姿勢を表しているのである。教皇ベネディクト一六世が述べたように、人間が経験するあらゆる善は、人間自身を包む神秘をめざしている。人間が心に抱くあらゆるあこがれは、決して完全には満たすことのできない根本的な神へのあこがれの反映である。このような深いあこがれは、あいまいな形で隠れている場合もある。

『カトリック教会のカテキズム』がこのことについて、次のように述べている。

人間は人類史の中で今日まで、それぞれの信仰と宗教的行動（祈り、犠牲、礼拝、瞑想など）により、多様なしかたで神の探求を表してきました。これらにはあいまいなところがあっても、さまざまの宗教的表現形式はまったく普遍的なものですから、人間は宗教的存在者といわれてよいほどです（28項）。

教皇ヨハネ・パウロ二世は同じ見解をもっている。教皇はキリスト教と他の諸宗教の出発点を区別する。彼によれば、キリスト教以外の「他の宗教」は人間の側からの神の探究を一貫して語り、キリスト教は自らを人間に明かし、神に到達できる道を人間に示す神ご自身の応答である（使徒的書簡『紀元２０００年の到来』６項）。つまり、他の諸宗教は人間の側の神の探究であると考えられるが、人間理性の限界ゆえに、人々は真の神の認識が不明確であったり、自分たちに都合のよい神をイメージしたりするという過ちに陥ることがあり得る。したがって、諸宗教の一貫した神探究への応答として、神の側のイニシアティブが必要であると指摘したのである。彼は確信をもって次のように述べた。「みことばの受肉こそ、あらゆる宗教が切に求めてやまなかったものの実現にほかなりません」(同前)。

また、教皇ベネディクト一六世も次のように述べた。

人間のあこがれのみから出発して、神を知ることはできません。そこから、依然として神秘が残ります。人間は絶対者を尋ね求める探求者です。それも、少しずつ、不確かなしかたで歩む探求者です。しかし、すでにこのあこがれの経験が、聖アウグスティヌスが述べた、「安らぎを得ることができない心」の経験が、きわめて重要です(カトリック中央協議会ウェブサイト「三三四回目の一般謁見演説『神へのあこがれ』」)。

キリスト教の本質的な特徴は、神ご自身が人間に語られることである。ヨハネによる福音書第1章1節は言っている。「初めに言《ことば》があった。言は神と共にあった。言は神であった」。神は言であるから、人間に語る。神の自己譲与が「神が自ら人間に語る」形を取った。キリスト教は人間の側からの神の探究に応答する神ご自身からの自己譲与を主張する宗教である。キリスト教は他の宗教と比べて、人間の側からの神へのあこがれに対して、神の側からの自己譲与によって満たされることを重視する。

2 宗教的多元性は神によって容認された

「地とそこに満ちているものは、主のもの」である（一コリント10・26）。使徒パウロは、多元性における一致を賞賛する。神は唯一であるが、その働きは多元性を容認したことを示している。パウロは、神の唯一性とその働きの多元性を常に語っている。エフェソの信徒への手紙には美しい表現がある。「すべてのものの父である神は唯一であって、すべてのものの上にあり、すべてのものを通して働き、すべてのものの内におられます」（エフェソ4・6）。ちなみに、これと似た表現は他の書簡にもある。

教皇フランシスコとアル・アズハルのグランド・イマーム、アフマド・アル・タイーブ師は、アブダビで二〇一九年二月四日に共同文書『世界平和と共生のための人類の兄弟愛』に署名した（以下、『アブダビ文書』）。この共同文書のなかに、次のような宣言が含まれている。

宗教、肌の色、性、人種、言語の多元性・多様性は神の叡知が望んだことであり、それをもって神は人類を創造しました。この神の叡知を源として、信教の自由と、異なってあることの自由の権利が生じるのです（教皇フランシスコ回勅『兄弟の皆さん』二五九頁）。

この共同文書は、神学者たちの間に「宗教的多元性は神によって望まれたものなのか」という問いを再び起こした。

この宣言で両者は基本的人権に言及して、互いの信仰を尊重するように呼びかけた。他者の宗教を認めることだけでなく、互いの宗教は「神の叡智によって望まれたもの」であることを認めるべきである。

そもそも、神は宗教的多元性を望まれたのか、という議論が起こった。「神の叡智が望んだ」という表現をいかに理解すればよいのか。この表現が誤解を招くので共同文書からこれを削除すべきであると、勧めた人もいる。

「神の叡智が望んだ」という表現は何を意味しているのか。まず「宗教的多元性」を人間の側の「神へのあこがれ」の証拠という意味で理解すべきである。神が人をご自身のかたちに造られた時、神は人がその創造主を求める能力のあるものに造られた。神は、すべての人が自由意志の選択によって神を知るようになることを望んでおられる。人間だけが神を求めることのできる被造物である。この神の求め方や神についての語り方は人が生まれ育った環境や文化の影響によって異なり、その結果として宗教的多元性がある。

宗教的多元性の起源に人が神を求める願望を認めるなら、これにはきっと因果関係がある。神が宗教的多元性の原因にあると言える。

適切な表現がないため、わたしは、「宗教的多元性は神によって望まれたのか」という問いに対する答えを出す前に、「神が望んでおられること」と「神が容認したこと」を区別する必要があると思う。

まず、「神が望んだこと」というのは、「神の意志」を意味する。神学的には、神の意志は神の本質と一体である。したがって、神以外のものは神が意志する際の原因・原動力・動機などではない（高柳俊一「神の意志」『新カトリック大事典』）。神の意志で望まれているものは極めて良く、神の計画と一致している。例えば、神は全人類の救いを望んでおられる（一テモテ2・4参照）ということとは、神の主権的意志である。

第一バチカン公会議は、神の意志が無限であり、自分自身をその意志によって愛し、自由なる意志によって世界を創造したと宣言している（『カトリック教会文書資料集』3001、3002、3025項参照）。さらに、第二バチカン公会議は、『教会憲章』において、全世界と全人類の救いが父である神の意志であり、そのために御子を遣わしたと述べている（2、3項参照）。

イエスはゲツセマネで、「わたしの願いどおりではなく、御心のままに」、と祈っていた（マタイ26・39b）。この時の「父の御心」というのは、神の主権的意志、神の完全な意志を指している。パウロが言う「善いことで、神に喜ばれ、また完全な（voluntas dei bona placens et perfecta）」神の意志である（ローマ12・2）。

要するに、神が望んだものとは、神の権威で決定されたものである。使徒ペトロは神の意志「御心」を優先して、「神の御心によるのであれば、善を行って苦しむ方が、悪を行って苦しむよりはよい」（一ペトロ3・17）と述べた。

次に、「神が容認したこと」とは神の御心で望んだことというよりも、「神の寛容によってゆるしたこと」を意味する。ラテン語で言うならばこれは“voluntas permissiva”であり、「許可を与える、許容する、寛大な」という意味である。

神が宗教的多元性を「望んだ」というより、それを容認したと言える。言い換えれば、宗教的多元性は神によってゆるされたのである。

聖書では神の完全な意志のほかに、神がゆるした事柄のケースが多々ある。旧約聖書では、民のかたくなさのために、神がご自分の完全な意志に一致しない人間の欲望を容認したケースが次の箇所で見ることができる（サムエル記上8・6－9、ホセア13・11、エゼキエル20・25）。

新約聖書では、次のような例が挙げられる。イエスは「父よ、できることなら、この杯をわたしから過ぎ去らせてください」（マタイ26・39a）と祈ったが、イエスのこの願いは、神の寛容の意志に関してであった。イエスは、神の完全な意志をよく知っており、それを行うために遣わされたことを認識していた。ゲツセマネで、受難の直前に御父にもっと時間を与えてくれるよう願った。どうしてイエスはこの願いをしたのかマタイはその理由について何も言わない。要するに、イエスは特別な許可を願っていたようであり、それは容認されなかったが、イエスはそのまま受け入れた。

死刑の判決を受ける前に、ピラトの質問に答えて、イエスは神が容認した例をはっきりと示した。「神から与えられていなければ、わたしに対して何の権限もないはずだ」（ヨハネ19・11a）。言い換えれば、「神が許可を与えなければ、あなたはわたしに対して何の権限もないはず」となる。

妻を離縁する問題についても、イエスはファリサイ派の人々にモーセが容認したことと神の完全な意志を示した。「あなたたちの心が頑固なので」、モーセは仕方なく、譲歩して許したのだと言って、これは初めの神の意志ではないとはっきり述べた。「神が結び合わせてくださったものを、人は離してはならない」（マタイ19・6b）。これこそが神の創造の理念であり、神のご計画の究極的目的と完全の意志なのである。

アレクサンドリアのクレメンスによれば、神は人間の自由意志を阻むことを望まないので、世界に多くの宗教が存在することを許容した（『ストロマテイスI』84：1項参照）。神が宗教的多元性をゆるしたことによって、人間は自由意志を通して神を求めることが可能になったのである。それゆえ、わたしは神の寛容の意志でゆるされたものとして、宗教的多元性を理解したのである。

教皇フランシスコが「神が世界に異なる宗教が存在することを許したことを誰も恐れるべきではない」（カトリック中央協議会ウェブサイト「二〇一九年三月二七日一般謁見演説、モロッコへの司牧訪問」参照）と述べたように、神は、宗教的多元性を造ったのではなく、宗教的多元性が存在することを容認したのである。

マクダーモットは同様に、神は宗教的多元性を容認したと論じている。彼は、*God's Rivals: Why Has God Allowed Different Religions? Insights from the Bible and the Early Church*（『神のライバル――どうして神は異なる諸宗教を容認したのか。聖書と初代教会からの洞察』）という著作のなかで、どうして神は異なる諸宗教を容認したのかについて述べている。神の寛容の意志であるにもかかわらず、救済のオイコノミアで望まれた神の計画が完成される。「わたしは初めから既に、先のことを告げ／まだ成らないことを、既に昔から約束しておいた。／わたしの計画は必ず成り／わたしは望むことをすべて実行する」（イザヤ46・10）。

「神は、曲がった線を用いてまっすぐに書く」（Dieu écrit droit sur des lignes courbes）というフランスのことわざがあるように、神は救済のオイコノミアと相容れないように見える宗教的多元性にもかかわらず、救いの計画を追求する。クレメンスも同じことを説明している（『ストロマテイスⅠ』86：1－3項）。

寛容の意志で神は容認しているが、人間が自分たちの都合で作った宗教が救いに至らないのは当然のことである。パウロが「『すべてのことが許されている』。しかし、すべてのことが益になるわけではない。『すべてのことが許されている』。しかし、すべてのことがわたしたちを造り上げるわけではない」（一コリント10・23）と述べ、ルカが「神は過ぎ去った時代には、すべての国の人が思い思いの道を行くままにしておかれました。しかし、神は御自分のことを証ししないでおられたわけでありません」（使徒言行録14・16－17）と記している通りである。

3　宗教は神からの人々への贈り物である

宗教的多元性には、古代から現在まで続く長い歴史がある。全人類の歴史を通して、宗教があらゆる民族とあらゆる文化のなかに存在していることは、人類学者たちの研究によってわかる。宗教的多元性は人類の多様性の表れであると同時に神からの人々への贈り物でもある。デュプイは言う。「他宗教の伝統の多様性は、神が人びとと諸国民との関係性を確立するための種々異なる道を証明している」（『キリスト教と諸宗教』四二八頁）。

とは言え、すべての諸宗教が神の贈り物であるというわけではない。前述のように人間の都合で作った宗教もたくさんある。イエスが指摘したように、人間が作った宗教は人間の戒めを教えとして、むなしく神をあがめている。そのような宗教は人間の言い伝えを大事にして、神の掟をないがしろにする（マルコ7・7－9参照）。

今日でさえ、諸宗教は人間の手によってイデオロギーとなり、不正と偶像、権力と金銭を支持し、悪用されることになる。それにもかかわらず、宗教そのものは、「神から人びとへの贈りもの」(『キリスト教と諸宗教』四二八頁)である。諸宗教のわざによって、神からの人々への贈り物であるかどうかがわかる。使徒ヤコブは次のようなヒントを挙げる。

みなしごや、やもめが困っているときに世話をし、世の汚《けが》れに染まらないように自分を守ること、これこそ父である神の御前に清く汚れのない信心です(ヤコブ1・27)。

諸宗教を木に例えれば、その実によって神から来たかどうかがわかる。

すべて良い木は良い実を結び、悪い木は悪い実を結ぶ。良い木が悪い実を結ぶことはなく、また、悪い木が良い実を結ぶこともできない(マタイ7・17－18)。

デュプイが『キリスト教と諸宗教』を通して述べたように、世界の諸宗教は、第一に、人間の努力と人類の歴史全体を通して神を求めた民の努力の表れではない。人間の努力をもってしては人類が決して神に至ることはできないと言える。諸宗教は、神ご自身が人間を最初に求め始めるための、さまざまな異なる様式なのであり、多様な道でもあり、方法である。

インド・カトリック司教協議会の対話と教会一致委員会によって出版された『諸宗教間対話に関する指針』には宗教的多元性が肯定的に取り上げられている。この文書では、宗教的多元性は創造そのものの豊かさや神の豊かな恩恵の結実であるとされている。

すべてが同じ源から発せられるにしても、人びとは宇宙や神的秘義の認識をさまざまな方法において捉え、それを明確に表現してきた。そして神は、御自分の子供たちの歴史的な出来事のなかに長期間にわたって確かに存在していた。この多元主義は、いかなる点から見ても決して嘆かわしいことではなく、むしろ神的な賜物として認められる（『キリスト教と諸宗教』二三二頁）。

神は神的な賜物をどのように全人類に与えたのか。神は、イスラエルの民以外、他の民族と関わっていたのか。次の節で神が全人類と結ばれた契約を振り返る。

2　神と人類（諸民族）との契約

聖書における契約の概念の特徴は、いわゆる人間同士の合意によって成立する法律的行為としての「契約」という意味合いのものではない。むしろ、神が自ら啓示の出来事を通して人間と結ぶ契約を指している。言い換えれば、神と人間のつながりを指しているのである。

聖書における人間の歴史は、神と人間のこうしたつながりの関係を物語っているため、聖書における契約の歴史について語ることも可能となる。この契約の内容とは、「神があらゆる人間に救いの喜びを与えること」である（K・H・ワルケンホルスト「契約」『新カトリック大事典』）。

「契約」は、神の側からの主導による友情に満ちた約束であり、この神の恵み豊かな愛に対して、人間は全身全霊を込めた応答と忠誠によって応える。しかし、たとえ人間の側に不誠実な状態があったとしても、神の約束は決して無効にされることはない。デュプイが述べたように、『契約』は常に無償の恩恵の内に神が主導権を持って、いかなる資格もない人間と自由な人格的関係に入ることを示すものである」（『キリスト教と諸宗教』二〇〇頁）。

エイレナイオスは、神と人類の間に結ばれた契約を四つの時期に集約した。すなわち、洪水前の契約、洪水後の契約、律法による契約とキリストの福音による新しい契約である（『異端反駁』第三巻11：８項）。

1　アダムの時――洪水前の契約

聖書の記述に従えば、アダムと神との間には交流があった。創世記における創造の物語、すなわちアダムの創造の物語には「契約」という語は出てこない。しかし、最初から人間と関わる神と人類を代表するアダムとの間には契約があったと思われる。この契約は「創造における契約」である。この契約について、創世記はアダムと神の親しさを証しし、それは創造主と人類の人格的な関係を証明している。

シラ書17章は、人類の最初の人間について語る。12節では「主は、彼らと永遠の契約を結（ん）だ）」と述べる。この契約の内容は明確ではないが、神が人間に述べたことばのなかで暗黙のうちに「契約」を結んだと言える（創世記1・28、2・16－17）。これらの箇所で、神は最初の人間に「地に増え広がれ」という命令、「地を管理する」命令と「善悪の知識」に関する命令を述べた。これらの命令のなかに、神と人間との間に結ばれた最初の契約が含まれていると言える。しかし、人間（アダム）はこの契約を破った（堕罪）。

2　ノアの時――洪水の後の契約

聖書において、明確に「契約」（ベリート）という語が初めて使用されたのは、神がノアと契約を結んだ時である。ノアとの契約は神学的な意味を持っている。この契約は全人類を象徴すると思われ、ノアを通して、神は一方的に全人類と無条件の契約を結んだのである。神は、二度と大洪水で全人類とあらゆる生物を滅ぼすことはないと約束した。この契約において強調されているのは契約の普遍性である（創世記9・15－16）。

デュプイは、ノアとの契約の真の特徴については、ベルンハルト・ストックルが次のように非常に適切に述べていると指摘している。

神が、いかに真剣に再生について考えていたかがノアとの契約のなかで示されている。この契約のなかには、人間一人ひとりの救いの恒久的な基礎が含まれている。この契約の真の意義について鑑みるに、――カトリック神学においては長いあいだそうであったが――もし人がこの契約を、超自然的な啓示とは何の関係もない自然宗教の設立としてしか見ないなら、それは偽りである。聖書のなかに記録されているノアの契約について考える際に、その固有な特徴は、恩恵によってしるされた真の救いの出来事についてであり、問題はこの点にあることを明らかにしてくれる……ノアの契約の全体像は、アブラハムやモーセからイスラエルに至るまでの契約の一つの輪郭として現われてくる。そして諸民族はこのようにして共通の基盤を持つようになる。諸民族は、真の神とともにその唯一の神の同じ救いの意志のもとに契約を結ぶ身分を備えている（『キリスト教と諸宗教』二〇三頁）。

3　モーセの時——律法による契約

三番目は、モーセの仲介により与えられた契約である。この契約を通して、神はイスラエルの民を選び、特別な意味でイスラエルが神の民と呼ばれるようになった。アブラハムをはじめ、神の民となったイスラエルは、人類を祝福する神の救済意志の証人として、「神の契約」と神の約束を受けたのである。モーセの仲介により神がイスラエルの民と結んだ契約は、これまでの一方的な契約とは異なり、合意に基づく双務的な契約である。

今、もしわたしの声に聞き従い／わたしの契約を守るならば／あなたたちはすべての民の間にあって／わたしの宝となる。／世界はすべてわたしのものである。／あなたたちは、わたしにとって／祭司の王国、聖なる国民となる（出エジプト19・5－6）。

イスラエルが選ばれ、他の民は見捨てられたというわけではない。なぜなら「世界はすべてわたしのものである」、と神は述べているからである。イスラエルは、他の諸民族に対して「祭司」のような存在として使われる。この契約に対して、イスラエルの民は「わたしたちは、主が語られたことをすべて、行います」（同19・8）と積極的に反応する。

神がイスラエルの民を選んだのは、まさにすべての人に啓示するためであった（出エジプト

14・4／18、イザヤ37・20、40・5、42・1、49・6／26、60・3、66・18、エレミヤ1・5、3・17、エゼキエル20・9／14／22／41、21・5参照）。イスラエルの民が自分たちの都合で神を狭い意味で考えた時、神はイスラエルを越えて他民族の人をも用いたことが聖書には記されている。

4　福音の時代——イエス・キリストによる新しい契約

四番目は、福音書を通してキリストのもとにすべてが総括される契約である。この契約は、キリストの血の犠牲によって全人類に救いをもたらす新しい契約であり、これまでの契約とは違って、神は御子を通して人類と契約を結んだ。神の子として、イエス・キリストはモーセや祭司たちが仲介することのできた契約よりも優れた契約を比類ない仕方で締結することが可能であった。エイレナイオスによれば、最後の契約は人間を刷新し、すべてのものを福音のなかに包み込み、キリストの翼に全人類を乗せ、天の国に導いていくのである。さらに、彼はあらゆる契約には関連性があり、古い契約を新しい契約と取り替えることはないとする。[1] 神が結んだ契約は他の契約を破棄するのではなく、また互いに代替するものでもない。

5　神の全人類との契約は決して破棄され得ない

これら四つの契約はイエス・キリストの到来を準備するものであると思われる。四つの契約の継続のなかで、どの契約も破棄されることはない。四つともそれぞれには独自の価値があるので、どれであっても他のものと取り換えることはできない。

アダムとノアとの間の契約は諸民族の諸宗教に関係がある。アダムとの契約は全人類を代表する者と結ばれたものである。また、ノアとの契約には全人類に向けられた神の約束が述べられている。その約束は永遠である。これらの契約は、救済のオイコノミアにおいて、諸民族の宗教伝統を位置づけることを可能にするものである。これらの契約の価値は、イエス・キリストの十全な姿に到達するという事実によって減少するものではない。

モーセを通しての契約において、神のユダヤ人に対する思いははっきりと示されている。同様に、アダムとノアとの契約において、他の諸民族と全人類に対する神の思いを認めるべきである。もし、モーセとの契約が有効であるならば、聖書における他の契約も有効であるはずである。

エーリッヒ・ゼンガーは、神が人類史の特定の時に結んだ契約は決して破棄され得ないことを信じて、次のように述べている。

新約聖書に沿って、私たちキリスト者が信じるように、現在の私たちが神の恵みの内に生きているその源泉である新しい契約は、イエスの死と復活を介して明らかにされた。この契約はシナイ山の契約と入れ替わる別の契約ではない。ユダヤの民と教会に集う民が進む異なった道として歩むようでいて、実は同じ恩恵の契約を生きるのである（『キリスト教と諸宗教』二〇九頁）。

ノアとの契約であれ、モーセとの契約であれ、イスラエルとの契約であれ、他の諸民族との契約であれ、神は常に全人類に救いの道を示している。

聖書以外の伝承に属する諸民族も「神の民」と呼ばれるに値する。わたしは、自分の民族も含めて地上に住むすべての民族は「神の民」であるといつも思っている（詩編24・1参照）。

3　救済のオイコノミアにおける他宗教の役割

1　人類に対する教育法の一要素としての役割

人類に対する神の教え方、神の教育法（Divine Pedagogy）はさまざまな形をとる。わたしにとって諸宗教は、神の人類に対する教育の一要素である。

聖書において神の教育法は、まず神の人間に対する関係を表す概念である。人類における神の働きは子を育てる父の姿として比喩的に描かれている（出エジプト4・22、申命記8・5、ホセア11・1－4、エゼキエル16章参照）。神は真の教育者として、人間の状況に応じて、時に厳しく警告し、時に災いをもたらし、教え、啓示し、勧め、約束し、罰し、報いを与え、慰めたりしている（エレミヤ5・15－17、6・8、ホセア5・15、13・15、14・5－6、イザヤ49・14－15、54・7－9参照）。

神の教育法は、救済のオイコノミアのなかで非常に重要な位置を占める。「神は、かつて預言者たちによって、多くのかたちで、また多くのしかたで先祖に語られたが、この終わりの時代には、御子によってわたしたちに語られました」というヘブライ人への手紙（1・1－2）のことばはまさに神の教育法を表している。神は御子を遣わすまで、徐々に準備していた。

わたしは、宗教的多元性は神によって容認されたものであるので、それを通して神は人類に何かを教えているのだと思う。第二バチカン公会議の『啓示憲章』では、人間に対する神の真の教育について次のように述べられている。

旧約の諸文書は、キリストによって確かなものとされる救いの時代より前の人類の状態に対応したしかたで、神や人間についての認識を、また正しくあわれみ深い神が人間とかかわるさまざまな方法を、すべての人に明らかにするのである。これらの文書は、たとえ不完全なものや一時的なものを含んでいるとしても、まさに神の真の教育を証言するものである（15項）。

さらに『カトリック教会のカテキズム』は、啓示の計画を神の教育法に関連して次のように述べる。

〔神の〕啓示の計画は、「互いに密接に関連し、照らし合う行いとことばによって」実現されます。これには、特殊な「神の教育法」が含まれています。すなわち、神は人間にご自分を徐々に伝え、超自然的啓示を受け入れるよう、段階的に人間を準備なさいます。御自ら行われるこの啓示の頂点は、人となられたみことばであるイエス・キリストそのものならびにその派遣です（53項）。

アレクサンドリアのクレメンスは、神のみことばである「ロゴス」は人類の教育者であるとする。ロゴスは人類を救うためにすべての方法と知恵を使用する。すなわち、人々に警告し、脅し、指示し、約束し、恵みを与えるのである。聖書の読者は、旧約聖書の預言のほとんどが神の裁きの神託の観点から表現されていることに気づくであろう。しかし同時に、預言者の裁きの神託を通して、神の教育法（道）を見いだすこともできる。裁きと懲罰の神託は回心への呼びかけであった。

使徒パウロは、旧約聖書における律法は救済のオイコノミアにおいて、キリストへと導く養育係と見なしている。[2] イエス・キリストの到来をもって全人類の教育が終了したわけではない。イエス・キリストが弟子たちに「言っておきたいことは、まだたくさんあるが、今、あなたがたには理解できない」（ヨハネ16・12）と述べたように、人類を教育すること、神の啓示を悟らせることは終末まで続けられるのである。

諸民族の諸宗教は、不完全でありながらもそれぞれの民族に対する神の教育の手立てであると言える。わたしがこう考えるようになったのは、自分自身の背景にある民族的な宗教体験による。わたしが所属するバントゥー語系諸族の宗教にはキリスト教とほぼ同じような道徳的な教えがある。バントゥー民族の宗教では預言者などはいないが、先祖の言い伝えは聖書の預言者のことばと同じように重要視されている。例えば、伝統的な宗教に属していた祖母は、いつもこう言っていた。「子よ、先祖の言い伝えを忘れるな。彼らの教えは〝神〟に由来する」。

神が宗教的多元性を用いるということは矛盾に見えるであろう。しかし、人類の歴史は神のものであり、神はすべての歴史を管理するのである。預言者イザヤが述べたように、神の道は人間の道とは異なり、神の思いは人間の思いを高く超えている（イザヤ55・8－9参照）。わたしたちは、神のなさり方のすべてを知ることはない。諸宗教は神の教育法に属するものであるかもしれない。

諸民族に属するあらゆる人々が「神は主であることを知る」ために、神はさまざまな方法で段階的に教えるのである。

2 神探求の助け

全人類の歴史において、あらゆる文化の人々は、人間の生の営みを特徴づける基本的な問いについて答えを見いだそうとしている。すなわち、「いったいわたし自身は何者であるのか」「わたしはどこから来たのか」「どこへ行くのか」「悪が存在するのはなぜか」「この生の後に、何があるのか」「超越的なものが存在するのか」「神は存在するのか」(教皇ヨハネ・パウロ二世回勅『信仰と理性』1項参照)。

第二バチカン公会議は次のように述べている。

人間の条件の秘められた謎は昔も今も人間の心を奥深く揺さぶるものであるが、人々はこの謎についてさまざまな宗教に答えを願い求めている(『諸宗教に対する宣言』1項)。

諸宗教は人間の謎への答えを探究する。宗教は神探求の助けとなる。古代の昔から人々は神を探求していた。イスラエルの民は、他の諸民族の神探求経験から神について学んだ。聖書の族長たちは、ヤハウェ（神）を理解するために古代諸宗教の概念を用いたのである。ヤハウェは、諸宗教の神概念を通して、聖書の族長たちに自身の属性を理解させたのである。彼らは神探求の旅路で諸宗教の人々と出会い、それぞれの出会いによって彼らの神の理解が豊かになった。

旧約聖書の中には、アベル、エノク、ノア、ラハブ、メルキゼデク、ヨブ、ルツ、ナアマン、シェバの女王などの人物が登場する。信仰者の模範として描写されている（ヘブライ11章参照）彼らはユダヤ民族ではなかった。これらの（聖書的な）人物は、旧約聖書の「聖なる異邦人」と呼ぶことができる。ユダヤ教徒以外の「聖なる異邦人」が聖書に登場するのは、神の計画の普遍性を示しているからである。これらの人物はイスラエルの民が神をより理解するために重要な役割を果たした。

「聖なる異邦人」のなかでメルキゼデクの役割は非常に大切である。メルキゼデクは、カナン人の宗教の祭司であり、サレム（後のエルサレム）の王であった（創世記14・18-20、詩編110・4、ヘブライ5・6-10、6・20、7・1-28参照）。カナン地方の諸宗教と神々のなかでメルキゼデクは、「高き神＝エル・エルヨン」に仕えていた。イスラエルの歴史において、彼の唐突な登場と退場は不思議である。

アブラハム（アブラム）がメルキゼデクに出会ったのは、ケドルラオメルとその味方の王たちを撃ち破った後のことである。メルキゼデクは、アブラハムの勝利は「天地の造り主、いと高き神」によるものであることを知っていた。彼がアブラハムを祝福したのはこの神を知らせるため、またこの神に栄光を帰すことを促すためであった。

アブラハムはその後、「ヤハウェ」を「エル・エルヨン」と同一のものとし、この二つの名前は同じ神を指していると理解した（創世記14・22）。彼は、「エル・エルヨン」の属性から「ヤハウェ」を「天地の造り主」として表現した。

メルキゼデクがアブラハムに知らせた神の名は、わたしの先祖の宗教で礼拝されていた神の名でもある。コンゴ民主共和国のカサイ州でわたしの先祖はキリスト教が伝わる前に「ンヴィディ・ムクル」を礼拝していた。雲の中に住んでいる「ンヴィディ・ムクル」は、すべての「神々」の上で支配し、地上のすべてのものの源である。メルキゼデクの「いと高き神＝エル・エルヨン」とわたしの先祖の神「ンヴィディ・ムクル」は、同じである。

アブラハムは、「ヤハウェ」によって召されたが、「神」をまだよく知らなかった。しかし彼は、「他宗教」の祭司メルキゼデクとの出会いによって神の属性を学ぶことができた。アブラハムの神探求の旅路でのメルキゼデクの登場とその役割[3]は、救済のオイコノミアにおける諸宗教の役割を先駆的に表している。エジプトの諸宗教との触れ合い、またミディアンの祭司であるエトロとの関わりを通して（出エジプト18章参照）、モーセもヤハウェの知識を深めたと思われる。

3　他宗教の存在はキリスト者の信仰を深める

他の宗教は、わたしたちキリスト者の信仰を深める助けとなる役割を担う。イエスの時代、ユダヤ教以外の諸宗教を信じる人々の信仰は、しばしばイスラエルの民に対する模範として取り上げられている。

異邦人に対するイエスのことばに注意を払えば、諸宗教に対するイエスの思いが十分伝わってくる。イエスが初めてユダヤ人に拒絶されたのは、異邦人がユダヤ人よりも信仰が篤《あつ》いと述べた時である（ルカ4・24－30参照）。このエピソードでイエスが引用したシドンのやもめとシリア人ナアマンは、他の宗教を信じていた人々であった。二人の物語（列王記上17・1－15、列王記下5・1－14）を通して、イエスは他宗教の人々の信仰を示したかったのである。シドンのやもめは、「バアル神」を信仰する地域に住んでいたが、預言者エリヤと対面した彼女は、神がエリヤを通して語っていることを信じた。彼女の信仰はカナン人の諸宗教に根差していると思う。

古代シリアには、さまざまな宗教があった。人々はシャムシュ（太陽の神）、エイリアンバール（生活の神）、アスタルテ（偉大な神）などが自然を支配していて、神々が自分たちの望みをかなえてくれると信じていた。このような信仰を持っていたシリア人のナアマンは、預言者エリシャを通して神の救いを求めたのである。イエスはこの二人の異邦人の信仰に対して最高の称賛を与えた。

ローマの百人隊長（マタイ8・5－13）とカナン人の女（同15・21－28）のエピソードも取り上げることができる。いずれも異邦人で、ユダヤ教以外の信仰を持っていた。謙遜と深い信仰を示した二人のうち、ローマの百人隊長は自分の僕のために、またカナン人の女は自分の娘のためにイエスに癒やしを願い求めた。イエスは両者の信仰を称賛し、彼らが示した謙遜が真の信仰の模範となるよう弟子たちに示したのである。カナン人の女に向かって、イエスは「婦人よ、あなたの信仰は立派だ」（同15・28）と賞賛し、ローマの百人隊長の信仰について、「はっきり言っておく。イスラエルの中でさえ、わたしはこれほどの信仰を見たことがない」と述べたのである（同8・10－11）。

異邦人の信仰に対するイエスの賞賛[4]は、ユダヤ教の信仰を持っていた弟子たちにしばしば向けられていたことばとは対照的である。例えば、シモン・ペトロがイエスの命じたことを疑った時、イエスは彼に言われた、「信仰の薄い者よ、なぜ疑ったのか」（同14・31）。弟子たちは異邦人のような深い信仰を示していなかったので、イエスは彼らを「信仰の薄い者たち」と呼んだのである（同6・30、8・26、14・31、16・8）。

イエスはさらに、ユダヤ教を信じていたガリラヤ湖周辺の「コラジン、ベトサイダ、カファルナウム」[5]の三つの町を取り上げ、それに対応する形で、異邦人の三つの町「ティルス、シドン、ソドム」と比べ、人々の不信仰を批判した（同11・20－24）。ここには大切な原則がある。ティルス、シドン、ソドムは、いずれも神の裁きを受けたが、客観的に見れば、彼らに与えられた神の知識と啓示はイスラエルに比べれば限られたものであった。これはまさに多くの諸宗教の現状である。

4 神が自身を顕現される道具――伝統的なアフリカの宗教の具体的な例

非聖書的な他の諸宗教の役割を考察する際、わたしは伝統的なアフリカの諸宗教のあり方を振り返る。古代からわたしの先祖の信念がいかに彼らの救いの道となっていたのか。ここではコンゴ民主共和国のカサイ州のルバ民族の例を取り上げる。ルバ民族は、アフリカのバントゥー語系諸族に属する。

一四世紀から一五世紀に至るまで、カサイ州のルバ民族は、ルバ帝国の中心民族であった(Verhulpen E.)。彼らは、現在のコンゴ民主共和国南部のシャバ州、特にロマミ市とルアラバ市の間に住んでいた。コンゴの植民地時代に、アフリカのバントゥー語系諸族の宗教の最初の研究対象となったのは、ルバ民族の諸宗教信念であった。フランシスコ会のタンペルス神父は、ルバ民族をはじめ、バントゥー諸民族は神の啓示を受けていると確信していた。古代の昔からバントゥー諸民族は、超越的存在、創造主、万物の支配者という神概念を信じてきたのである(Placide Tempels)。

ルバ民族の宗教では、霊的な存在や人間を超えた力を表す像は何百もあったが、それらはどれも神を示すものではなかった。[6] ルバ民族の神は、始めも終わりもない神であり、自ら存在する神である、と信じられていた。

これらの神の名称は、宇宙における神によって行われる複数の属性と機能とに関連している。宣教師たちは、「アフリカの人々が今まで信じてきた神は、わたしたちが宣《の》べ伝えに来た神と同じなのだ」と言えば十分であった。

教皇パウロ六世は、アフリカ訪問の際に、豊かな霊的生活とキリスト教に非常に近い神の概念をアフリカに見いだした。教皇は、「アフリカの人々は、深遠な宗教感覚、神聖なもの、創造主である神と霊的世界の存在に対する感性をすでに持ち合わせている」と明言した (Paul VI, 1969 から引用者訳)。教皇はさらに、使徒的書簡 *Africae Terrarum* において、次のように述べた。

アフリカの伝統の不断の、そして一般的な基盤は、いのちを霊的に考えることである。この霊的概念に共通する、ある重要な要素は、すべてのことの始まりであり終わりとしての神についての考え方である (Paul VI, 1967 から引用者訳)。

また、一三回にわたるアフリカ訪問を通して、教皇ヨハネ・パウロ二世はキリストの啓示が伝えられる以前に、「アフリカ人は、深遠な宗教的感性、創造主である神と霊的世界の存在に対する感覚を保持していた」と強調した（Jean-Paul II から引用者訳）。キリスト教以前のアフリカにおけるこれらの神の概念と信念は、神の啓示によるものであるとわたしは考えるようになった。

神は、人間に自分の意志を伝えるためにさまざまな方法を使用してきた。ルバ民族における物語、先祖たちの言い伝え、サイン、シンボル、ことわざなどを通して、神は自己啓示したと思う。したがって、ルバ民族の諸宗教は人々と神に結びつける役割を果たしたのである。

天地の創造主がいるならば、必ずすべての造られたものとコミュニケーションを持つのである。これは、啓示と呼ばれる現象の源である。したがって、ある文化のなかでは、啓示は聖典と呼ばれる多くの著作を生み出した。他の人々の文化では、特に口頭伝承を重視する人々の間で、啓示は無数の物語、ことば、ことわざで提示される（Lumbala, François Kabasele）。

上記で述べたルバ民族の伝統的な宗教の役割はアジアの諸宗教にも当てはまる。アジア司教協議会連盟の神学諮問委員会は神の救いの計画における他宗教の役割を肯定的に評価するよう促した。彼らによれば、この評価は、他宗教の信者の生活のなかに見られる聖霊の実りにその基盤を置く（FABC Theological Advisory Commission）。

このように、アフリカやアジアでキリスト教以外の諸宗教がさまざまな役割を果たしたことを認めれば、これらの諸宗教は福音への準備として理解することもできる。

5　諸宗教は福音への準備である

諸宗教は福音を受け入れるために助けとなる。「福音への準備」という表現は、カエサレアのエウセビオス（二六三／二六五－三三九頃）の表現である。ユスティノスとアレクサンドリアのクレメンスも同じ思想を持っていた。ユスティノスにとって、哲学はギリシア人への神の贈り物であり、旧約聖書と並行した福音への準備である。ちなみに、ここでいう「哲学」は、広い意味で使われている。宗教も文化も含む意味である。アレクサンドリアのクレメンスは、これについて特に明解である。彼は主の到来の前にユダヤ人に律法が必要であったように、ギリシア人には哲学が必要であったとする。

テルトゥリアヌスなどの他の教父たちは、キリスト者に影響を及ぼすギリシア哲学が異端であることを突き止めようとしていた。それに対してクレメンスは、異教徒が信仰を受けるために哲学は「予備的な浄化」であったと論じた（『ストロマテイスI』5：20項参照）。クレメンスは、神が諸宗教の存在を容認したのは多くの人を完全な破滅から防ぐためであり、諸宗教は救いへの道の第二義的な道として存在すると考えた。

神の啓示の頂点である受肉と復活の出来事を理解するために、いろいろな面で人々の心を準備する段階が必要である。諸宗教のなかに見いだされる真理の一部は、キリストの啓示の内にある真理を受容する準備の一助となる。

ダニエルー、ド・リュバック、コンガールなどのローマ・カトリックの神学者たちは、「福音への準備」の思想のもとに、「成就の理論」、あるいは「成就の神学」を展開した。

アフリカのバントゥー民族の諸宗教の視点から「福音への準備」という思想がより理解できる。「アニミズム」と呼ばれるルバ民族の宗教のなかに見いだせる言い伝えや道徳的な教えなどは、人々の心にキリストの福音を受容する準備をさせたと思う。

6　他者を受け入れるための助けとなる

宗教は「危ない」と感じる人が多いが、本来宗教は他者を受け入れるための助けとなる。

教皇フランシスコの回勅『兄弟の皆さん』では、諸宗教は兄弟愛のために働くと主張されている。この役割は救済のオイコノミアに関連させることができる。この回勅で教皇は、『アブダビ文書』で提起された重要な問題を取り上げ詳しく論じ（5項参照）、第八章では諸宗教の重要な役割を指摘する。

歴史上、宗教間の戦争もあった。ローマ・カトリック教会も含めて、ほとんどの主要宗教は独善的な姿勢をとって戦争を容認したことがある。しかし、兄弟愛のきずなを築くためには、宗教の独善性を克服しなければならない。

歴史において排他主義的な態度をとっていたローマ・カトリック教会は、独善的な姿勢から離れて、他の諸宗教における神の働きを尊ぶようになった。教会はもはや「これらの宗教の中にある真実にして神聖なものを何も拒絶することはない」（回勅『兄弟の皆さん』277項、『諸宗教に対する宣言』2項）。

原理主義者の神の名による暴力的行為は宗教の目的からずれている。神への真摯で謙虚な信仰は「差別、憎しみ、暴力には至らず、いのちという神聖なるものへの敬意、他者の尊敬と自由の尊重、兄弟愛へと至る。そのために神の名による戦争やテロリズムのさまざまな形態を徹底的に非難すべきである。

良い宗教は真の神を求めると同時に兄弟愛をも促進する。宗教は真の神を知ることによって兄弟愛の促進に向けられる（一ヨハネ4・7－8）。ほとんどの宗教は悲惨な状況に陥った人を世話するという精神を示している。これこそ宗教のなすべきことである。

4　救済のオイコノミアにおける仲介者の問題

諸宗教の位置づけと役割を確認したので、次は救済のオイコノミアにおける仲介者の問題について考察したい。キリスト教は、人々の救いについて次の二つの根本命題を主張する。①神はすべての人の救いを望んでいる。②イエス・キリストは神と人との唯一の仲介者であり、キリストによらずには誰も救われない。この二つの命題を結びつけると、「神は、すべての人の救いを望み、すべての人は唯一の仲介者であるイエス・キリストによって救われる」となる（岡田武夫『希望のしるし』一三〇頁）。

新約聖書は、「神は唯一であり、神と人との間の仲介者も、人であるキリスト・イエスただひとりなのです」（一テモテ2・5）と宣言している。ヘブライ人への手紙では大祭司キリストを「契約の仲介者」と呼び、イエス・キリストを贖《あがな》いによる完全な仲介者とみなし（ヘブライ8・6、9・15、12・24）、さらに他の新約聖書の記述では、イエス・キリストは救いの仲介者であると明らかに示している（マタイ11・27、ヨハネ14・6、ローマ8・34など）。

多くのアジアの司教は、唯一の救い主としてイエスを告げ知らせることの難しさを指摘している（教皇ヨハネ・パウロ二世使徒的勧告『アジアにおける教会』20項）。

神学的な意味で「仲介者」という語は、人間に対して神を代表し、神に対して人間を代表しつつ両者間をとりなす存在を指している。

「仲介者」は、二人以上の当事者が相互に同意、または議論する合意がある場合にのみ必要である。例えば、アブラハムに対する神の約束の場合は、交渉されなければならないものではなかった。特定の行動をすることに同意した唯一の当事者（神）しかいなかったので、仲介者は必要ではなかった。

神がイスラエルの民と契約を結んだ時に仲介者が必要となったため、モーセは神とイスラエルの民の間で仲介者の役割を担った（出エジプト14・31、20・18、申命記5・5、34・12）。しかし、モーセは天使でもなく超自然的な存在でもなく、一人の人間に過ぎない。モーセのような役割は、他の民族の諸宗教のなかでもさまざまな形で行われている。

諸宗教と救いの問題についての現在の議論を検討して、デュプイは、唯一の仲介者と複数の参与的な仲介を論じる。

1 キリスト教における「かけがえのない救いの仲介者」

今日に至るまで、教会はイエス・キリストを全人類の救いの仲介者として宣言する。教会は、あらゆる時代の人々に絶えず告げ知らせる。イエス・キリストは、「仲介者であり、同時に全啓示の完結」である（教皇ベネディクト一六世使徒的勧告『主のことば』3項）。

新約聖書の救済論の理論では、「人は皆、罪を犯して神の栄光を受けられなくなっていますが、ただキリスト・イエスによる贖《あがな》いのわざを通して、神の恵みにより無償で義とされるのです」（ローマ3・23－24）となる。

全人類の救いのために、イエス・キリストによる贖いのわざ（受難と死）は、かけがえのない出来事である。神は、イエス・キリストの受難と死を通して一方的に全人類の罪をゆるし、人間を永遠のいのちへと回復する。

どうしてイエス・キリストはかけがえのない仲介者になるのか（一テモテ2・5）。パウロの解釈によると、イエス・キリストは「すべての人の贖いとして御自身を献《ささ》げられ（た）」（同2・6）から、神と全人類の間にかけがえのない仲介者となった、と言う。しかも、全人類の救いのわざ、キリストの償いのわざは、ただ一度起こったのである（ローマ6・10）。

この意味で、全人類の救いに関して、キリストはかけがえのない仲介者であると言うべきであろう。ラーナー（Rahner, Karl）が述べたように、キリストの出来事は真に全人類の「救いの起点」である。イエス・キリストのなかに神と人間が恒久的に結ばれているという観点から見れば、イエス・キリストは、神と全人類との間の「真の仲介者」である（『教会の宣教活動に関する教令』3項）。

2　唯一の仲介者と複数の参与的な仲介者

イエス・キリストは全人類に救いをもたらす普遍的な仲介者であるが、他の諸宗教には「参与的な仲介者」の役割もある。

聖書は、神の救いの計画の営みで、神と人々の間に「仲介者」の役割を果たした人々の物語を記している。アブラハムをはじめ、モーセと預言者たちが民のために執り成したことが明らかである。彼らは神と民の間の「仲介者」としてそのような役割を果たしたのである。

アブラハムはソドムとゴモラのために執り成しをした（創世記18・23以下参照）。モーセはイスラエルのために執り成した（出エジプト32・30－35、33・13以下参照）。しかも「主は人がその友と語るように、顔と顔を合わせてモーセに語られた」（同33・11）と、モーセの神との関係における役割が強調されている。イスラエルの民はモーセに彼らと神の間の仲介者の務めをするように願った（同20・19）。

このように、アブラハムやモーセの執り成しに見られる仲介者の役割は否定できるものではない。神と特定の人々や民族との間に同じ役割を行う他の人もいるはずである。ローマ・カトリック教会の司祭が信者のために執り成しをするときは、ある意味モーセのような「仲介者」なのである。しかし、これらただの人間の役割は、全人類の救いのために「仲介者」となったキリストと比べることはできない。なぜなら、アブラハムやモーセ、そして司祭たちは、全人類のためにいのちをささげたわけではないからである。

教皇ヨハネ・パウロ二世は、唯一の仲介者であるキリストを宣言しながら「参与的な仲介者」の存在を認めた。教皇は次のように述べている。

だれも、キリストを通らずに、また聖霊の働きによらずに神との交わりに入ることはできないのです。キリストの唯一で普遍的な仲介は、神にいたる旅路を妨げるものではなく、神ご自身によって整えられた道です。……キリストの唯一の仲介に参与している種々さまざまな仲介が除外されることはありません。それらは、キリストご自身の仲介によってのみその意味や価値を受け取るのですが、キリストの仲介と同等のものであるとか、キリストの仲介を補うものであると理解されることはありえません（回勅『救い主の使命』５項）。

つまり、諸宗教における仲介者たちの役割は、イエス・キリストのかけがえのない役割とつながっている。伝統的なアフリカの宗教の背景を持っているわたしは、この見解に賛同できる。伝統的なアフリカの諸宗教（Traditional African Religions、以下ＴＡＲ）では、「神」は遠い存在であるが、神と人間の間にはさまざまな仲介者がいる。これらの仲介者を通して人々は神に祈り、神の存在を身近に感じる。極端な場合、人々は直接神を呼び求める。

神は「先祖」を通して生きている共同体とコミュニケーションをする。すなわち、先祖たちはモーセのような役割を果たしているのである。

アフリカの信念体系では、家族は生きているメンバーと先祖の両方で構成されている。先祖は今も存在し、家族と家族の財産を見守っている。彼らは、人間の世界と霊的世界の間の密接なつながりを維持しており、一族に属する子孫を保護する一方で、誤ったメンバーを懲らしめる。彼らは家族問題、伝統、習慣、倫理と道徳、健康と生殖能力に関して権威を持ち、近親相姦、窃盗、姦淫、偽りの証言、その他の道徳的悪徳などの事柄を罰するのである。

アフリカでは、人々が神に恵みを願うときに先祖の取り次ぎを求める。先祖たちは、人間の弁護者として、神のもとで人間のためにゆるしと守護を願う。先祖たちは、生者の共同体で何が起こっているかを監視する。彼らは共同体のメンバーが何をすべきかについて指示を与えることができる。生者の共同体のなかで先祖は、善を行う人には祝福を与え、悪を行う人には罰の警告をする（Nürnberger, K.）。

このようにＴＡＲにおける先祖たちは、生者の共同体のために重要な役割を果たしていると思われる。彼らの役割は、全人類の救いのためのキリストのかけがえのない役割を理解する手助けとなった。

5　宗教的多元性に対する考慮事項

諸宗教のさまざまな救いの道は、共通のゴールに至ることが可能なのか。多くの川が同じ海に注がれるように、異なる多くの諸宗教は同じ神に導くのか。

すべての宗教が「全知全能の神」を認めているわけではないが、人類の最終目的は神である。各宗教はその信者たちに神に至る方法を示している。救いに関する神学的概念の相違を超えて全人類のあこがれを見ることができる。

宗教的多元性は人間の尽くされることのできない超越の秘義の異なるさまざまな側面を表していると思う。多元性のなかにあって諸宗教は、さらにより創造主の豊かさと偉大さを経験することを可能にする。

一九八九年に開かれたインド神学協会年次総会の報告書には、「諸宗教が対話によって互いに出会うとき、諸宗教は相違が互いを補い合う共同体を築き上げ、この多岐にわたる道は霊的な交わりへの先導者へと変容する」との重要な記述がある（『キリスト教と諸宗教』三三二頁）。

世界にある主要宗教の関心事は救済、または解放である。例えば、ヒンズー教は人間的な側面を持つ多数の神々を信じる。その最終的な目標は「カルマ」の法則から解放されること、すなわち「輪廻転生《りんねてんしょう》」からの解放である。[7] 人間が「輪廻転生」の繰り返しから解放され、永遠に安息を得ることがヒンズー教の目標である。「輪廻転生」から逃れる道は道徳的に生きることである。

仏教では神はいないと考えられ、人生を苦しみとして捉える。仏教はヒンズー教から「輪廻転生」の考えを受け継ぎ、「輪廻転生」も苦しみの繰り返しだと教える。しかし「輪廻転生」から逃れる別の道として「悟り」を指摘する。「悟り」を得た人は死後の「輪廻転生」から解放され、

「浄土」で安息を得ることができると思われる。要するに「悟り」を得て「輪廻転生」から解放され、仏が到達した「浄土」で安息を得ることが仏教の最終目的である。

イスラームは唯一の神「アッラー」を信じる。信者たちは死後、天国に入る希望を持っている。生前の「アッラー」への献身の度合いによって、天国に行くのか、地獄で裁きを受けるのかが決定される。

キリスト教は、三位一体の神、すなわち父と子と聖霊の神を信じる。キリスト教の最終目的は、永遠のいのちを受けることである。イエス・キリストによって人が罪から解放され、神との和解によって永遠のいのちを得るのである。

伝統的なアフリカの諸宗教では、人々は「いと高き神」を信じる。死後に人々は先祖の村で先だった家族と再会することを期待している。

わたしにとって、人間の心に刻まれている神へのあこがれは、最終的に諸宗教のこれらの相違を超えている。宗教的多元性にもかかわらず、全人類は共通のゴールに向かっている。

ボストン大学のスティーブン・プロテロ（Prothero, Stephen R.）によると、それぞれの宗教は人間の異なる問題を解決しようとする。キリスト教は、人間の問題を罪にあると見なしており、その解決策は、イエス・キリストの償いによる救いである。仏教は、人間の問題を苦しみにあると見なし、その解決策はニルヴァーナ（悟りの智慧を完成した境地。涅槃）である。儒教にとって問題となるのは混乱であり、解決策は社会秩序である。伝統的なアフリカの諸宗教は、人間の問題を先祖の道徳的な言い伝えを無視したことに原因があると見なし、その解決策は祖先の言い伝えを大切にすることである。

さらに、各宗教には問題から解決策に移行するための異なる方法と、解決策に到達する方法を示す模範がある。これらの多様性を認め、救済のオイコノミアにおける宗教的多元性の役割を尊重すべきである（Di Noia, Joseph A.）。

6 まとめ

宗教的多元性は救済のオイコノミアにおいて容認されている。人間は、神へのあこがれを満たすために宗教心を持っている。生まれ育った環境において人々は異なる宗教に所属し、または関わっている。異なる視点から、諸宗教はそれぞれの信者の神へのあこがれ、および神探求の旅路に役立つのである。

諸宗教は同じ役割を果たすのではない。与えられた神の知識と啓示によって、諸宗教は人間が直面するさまざまな基本的問題に答えようとしている。諸宗教はどのような役割を果たしているのか、それを識別する必要がある。

第二バチカン公会議は、諸宗教の評価の基準を示している。人々の宗教的な伝統と習慣のなかに隠されている神の「みことばの種」を喜びと敬意をもって見いだすようにしなければならない。また、神によって啓示された真理と愛に心を開き、それを熱心に願い求めるように指示している。しかし、識別なしには、神がどれほどの真理と救いの可能性を諸宗教に与えたかを悟ることはできない。だから、諸民族の諸宗教に見いだされた良いものの価値を識別する方法は、キリストの福音の光をもって照らすことである（『教会の宣教活動に関する教令』11項参照）。ハンス・キュンク（Küng, Hans）が述べるように、イエス・キリストは識別の決定的な基準となる。

キリストの福音の要約は、愛「アガペー」である（一ヨハネ4・16）。このアガペーの実践こそが識別の基準となり得る。「アガペー」は諸民族の諸宗教において救いの秘義が働いている証拠である。アガペーの基準に沿っている限り、多くの諸宗教、特に伝統的な宗教は、真理を備えている。

神の計らいにおいて、諸宗教の信者が神の完全な自己開示とイエス・キリストにおける決定的な自己譲渡を予期する限り、彼らは神の恩恵と救済へと導かれる。

5章　日本における福音宣教と宗教間対話

ここまで、諸宗教に関するデュプイの神学（1章）、キリスト教の態度（2章）、キリスト教神学におけるパラダイムシフト（3章）について考察した。そして4章において、わたし独自の考えで救済のオイコノミアの視点から諸宗教の役割を検討した。

デュプイの神学的アプローチは、他の諸宗教に関するローマ・カトリック教会の神学の展開に貢献した。本書全体はこのことを示している。宗教的多元性という現状に即して、ローマ・カトリック教会は福音宣教を続けるなかでどのように他の諸宗教と関わっていけばいいのか。デュプイの神学は福音宣教と宗教間対話にどのような貢献をするのか。

本章では、デュプイの神学から理解したことを考慮して、日本における福音宣教と宗教間対話に焦点を当て、宣教師としてのわたしから日本における福音宣教と宗教間対話の実践についての具体的な提案をしていきたい。

イエス・キリストの福音は、どのように日本で体現され得るのか。まず、日本という風土における宗教の意義と福音の受容を提示し、福音宣教に関するインカルチュレーションの可能性を提案する。続いて、福音宣教と宗教間対話について具体的な実践の場を提案したい。最後に、福音宣教の目的を確認し、他の諸宗教と関わる教会の役割を明確にしたい。

1　日本における宗教観（宗教の意義）と福音の受容

1　日本における宗教観

デュプイはインドで福音宣教をしていた時に、キリスト教以外の諸宗教を目の当たりにした。わたしも日本での福音宣教活動を進めながら、宗教的多元性の問題について考えざるを得ない。デュプイと同じように、わたしにとって日本という国で福音宣教することは神の恵みである。とりわけ、日本における宗教の意義と和の文化に感動した。

日本は、国土面積はわたしの国の六分の一と狭いのに、コンゴ民主共和国とは違い単一の宗教が信仰されている状態にはなく、複数の宗教が共存している。伝統的な神道とは別に、日本には多くの宗教が輸入されている。そのなかには仏教、儒教、キリスト教、イスラーム、その他さまざまな新しい宗教もあり、驚くほど宗教的多元性が受け入れられている。皮肉なことに、ほとんどの日本人は自分が特定の宗教に属しているとは思っておらず、自分の宗教について尋ねられると戸惑いを感じる人は多い。また、多くの人は「宗教をもっていない」と答える。

宗教と神を尊重する文化に生まれ育ったわたしには、「自分は無宗教である」という人々が奇異に映ることがしばしばある。わたしは来日する前、「日本は無宗教の国であり、多くの日本人は不信心である」と言われていたが、実際来日してからはそれが不正確であるとわかった。確かに宗教的な話題を避ける傾向の人は多いが、彼らは「不信心」であるとは言えない。

多くの日本人は宗教団体には属していないが、彼らは自分なりに神を畏れ敬う。柳川啓一は「宗教を教える側からいえば、日本人の多くは、だらしがない、無節操、無関心と見られる。しかし、それは、宗教の与え手から見た批判である。仮りに、宗教の受け手から見れば、自分たちの生活の中で、宗教の位置づけをして、それぞれに場所を与えている」と言う（『宗教理論と宗教史』五頁）。

文化庁は、何十年にもわたって日本における宗教の多元性に関する調査データを年次単位で公表してきた。面白いことに、ときどき提供されたデータ上では、宗教団体の信者の総数が日本の総人口を超えることもある。同庁のデータは日本国民が複数の宗教に属することが多い現象について、それ以上の説明を提供していない。

　宗教行為とされる行事に関して、新年になると、ほとんどの人は初詣として神社や寺、教会などに行く。お盆やお彼岸の期間には、彼らが祖先の霊を祀《まつ》る一連の行事のために墓参りに行く。私設の神棚で祈り、子どもが健やかに育つことを願って七五三を祝ったり、受験の時には合格祈願をしたりもする。多くの日本人にとって、折に触れての神社での祈りや祭祀への参加は、特に宗教的な行為ではないと見なされている。彼らにとって、これらの行事は社会的習慣である。

　新しい年を迎えて神社やお寺で参拝をする「初詣」は、日本人にとってただ習慣によるものであろう。しかし、わたし自身が明治神宮や伊勢神宮へ初詣に行った時、宗教観という視点から見るなら、これは宗教行為に近いものであるとの印象を受けたのである。初詣や七五三のお祝い、他の祭りなどが神と宗教には関係ないと言う人が多い。しかし、これらの伝統的な祭りはどうして神社や寺で行われているのか、それを考えるなら宗教に関係があると言わざる得ない。なぜなら神社は神が、寺院は仏が祀られている場所だからである。

　日本の宗教観は、教義、教団、戒律といった宗教の三つの要素から考察することができない。これは伝統的なアフリカの宗教観とほぼ同じである。

　教義とは信仰の対象と内容を公式に規定するものである。キリスト教では教義が重要視されている。ところが、日本の宗教観では教義はそれほど重要視されない。そもそも日本の伝統的な宗教には教義がない（門脇佳吉『日本の宗教とキリストの道』一六頁）。例えば、神の存在に関する教義などは定義されておらず、「神は存在する」という教義的な宣言も主張されない。このことについて、遠藤周作は次のように述べている。

> 神が働いてくれているという気持が私の心には強いのです。そして、神というのは、存在ではなくて、働きであるという気持が、強く心の中にあります。だから、私は、いつも背後に神がいて、それが私の母やきょうだい、あるいは知人、そういう人を通してわたしの背を押してくれたという感じをいつも持っています（『私にとって神とは』一三九頁）。

教団とは教義、信条を同じくする人々による組織団体である。日本では多くの人にとって、どの教団に所属しているかという意識は乏しい。柳川が指摘したように、大勢の者が神社に参拝し、また、地元の神社の祭りに参加している。しかし、自分は神道に属するとは思っていない。多くの人は、自分の家の先祖代々を祀る寺院に所属し、また、いま住んでいる地域の神社の氏子にもなっているが、そこに所属する信者であるという認識はあまり持っていない（柳川、一六頁）。日本では一人の人間が複数の宗教に関わるという、いわば諸宗教が社会的に併存するということだけでなく、個人のなかにも併存しているのである。

戒律は、自分の信仰を表す証明としての禁制を守るということを指している。ところが、「日本人は、戒律を守り、禁欲生活を行う人に対して、尊敬を払いながら、融通がきかぬ固いところがあるとして、遠ざける傾向がないではない」(同前)。

日本の宗教観において、人々は一方で戒律について積極的ではないが、他方では儀礼に執着する。初詣や葬儀、死者に関する儀礼を守り、また年中行事との関わりが強く、特別な料理を食べるなど、日本人は儀礼を非常に尊重する。

日本人が年間行事食を守り、儀礼を行うことは、人間関係を重視する宗教的な傾向の表れである。「人間関係」は日本人の宗教の特徴であると言える。西欧諸国では宗教改革以来、信仰は個人の問題であると強く思われているが、日本では逆に、個人の宗教や個人の信仰は重視されない。宗教の単位は家とか、村とか、町の地域という人間関係である(柳川、一七－一八頁)。門脇もまた同じことを確認している。すなわち、日本の宗教は共同体的な宗教である。縄文時代から家族が共同生活をし、次第に村を形成し始めた。そこから共同体意識、身内意識が強くなった、と(門脇、二五頁)。日本人の価値観や考え方にはこのような「人間関係」や「共同体意識」が強く影響していると思う。

2　日本における福音宣教の受容

日本にキリスト教が伝来したのは、わたしの祖国コンゴ民主共和国（旧コンゴ王国）とほぼ同じ時期である。[1]一五四九年、イエズス会宣教師フランシスコ・ザビエルによって、初めてキリスト教が日本に伝えられた。約四七〇年にわたる日本のキリスト教の歩みは、成功した時期も迫害を受けた時期もあったが、現在のキリスト教徒の数は全人口の約一％でしかない（滞日外国人は除く）。

日本でキリスト信者の数が増えないのはなぜだろう。わたしを含め、現代のほとんどの宣教師は同様の疑問を抱いている。日本人は外国から多くのものを受け入れてきた。外国から伝来した仏教も日本で受け入れられた。キリスト教は、まだ日本に根を下ろしていない。福音宣教が日本において成功を収めていないことに関しては多くの原因がある。それは、日本人の側だけではなく、宣教師たちの側にもあるだろう。それゆえインカルチュレーションが必要ではないかと思うのである。

3　福音宣教とインカルチュレーション

a　インカルチュレーション

キリスト教の宣教学では、インカルチュレーションは、キリストのメッセージと諸文化との接触に伴う相互作用がもたらす福音の受容と文化の変容を指す。この用語は比較的新しいものであるが、それが指している現象は教会の歴史ほど古く、教会の歴史はインカルチュレーションの歴史であるともいえる。

宣教学者たちは、福音宣教と文化との相互関係を表現するさまざまな用語を提示してきた。すなわち、「文化変容」とか「異文化への適応」、「インターカルチュレーション」「同化」「土着化」「地方化」「受肉」などである。そのなかでは、「インカルチュレーション」および「コンテクスチュアリゼーション」が広く使用されている。

教会は福音を種々の文化に受肉させることと同時に、人々を彼らの文化と一緒に教会へ導入する。言い換えれば、教会はつねに自分自身の価値を人々に伝え、同時に、人々の文化のよい要素を取り入れ、それを中から新たにする。

キリスト教の伝来以前に、既に日本はさまざまな文化と宗教的伝統に適応していた。神道、仏教、そして儒教は日本人の社会的な生活だけでなく、彼らの霊的生活にも深く影響を与えてきた。新しく入ってきた宗教的伝統はそれ以前のものを拒絶するのではなく、既存の伝統と混ざり合った。仏教が入ってきてからもそれ以前から存在していた古神道を排斥せず、儒教も他の宗教を排除しなかった。[2] このように、「神仏を拝む」という表現が口にされるようになったのである（幸日出男／關岡一成『キリスト教と日本の諸宗教』二四六頁）。この同化過程において際立っているのは観念形態の対立ではなく、持続と調和である。これは宗教的混合主義（シンクレティズム）ではあるが、キリスト教のために何か肯定的なものはないだろうか。

わたしは宗教的混合主義を提唱しようとしているのではない。この考えは多くの教会の指導者や神学者の間に強いアレルギーを引き起こしている。むしろわたしは、他の文化や宗教が持っている肯定的な価値を提示したい（フィリピ4・8参照）。わたしが示唆したいのは混合主義ではなく、福音の具体化、インカルチュレーションである。

キリストのメッセージを特定の文化において理解することは混合主義ではない。神の恵みを現す福音は人々の文化を想定しなければならない。神からの賜物はそれを受け取る人の文化のなかに根を下ろす（教皇フランシスコ使徒的勧告『福音の喜び』115項）。それゆえ、日本の文化において見られる良い要素をキリストの福音の価値に照らし合わせることによって、文化を豊かにするとともに、教会を美しくすることもできる。

福音の価値観を受け入れる文化は、より豊かなものになる。教皇フランシスコが述べるように「ある共同体が救いの告知を受け入れると、聖霊は福音の造り変える力によって、その文化を豊かなものに」する（使徒的勧告『愛するアマゾン』68項）。聖霊の働きによって文化が豊かになると、同様に教会もインカルチュレーションにおいて豊かになるのである。

2章で述べたようにロゴスと聖霊は教会の境界線を越えて真理の種を蒔き続けている。教会は、ロゴスと聖霊が神秘的なしかたで文化に蒔いておいたものを受容することによって、より豊かになる。言い換えれば、聖霊は啓示の新しい側面を示し、教会に新しい顔を与えながら、教会を美しく飾るのである（同前）。

福音宣教におけるインカルチュレーションの歩みは、常に時間がかかるが、教会には困難でも必要な道を歩ませる。教皇フランシスコは、聖霊の翼を折ってはならないと警告する。新たなものを常に生み出せる聖霊の新しさを、勇気をもって受け入れなければならない（同書69項）。

救済のオイコノミアにおける宗教的多様性の位置づけを理解するために、各場所の文化の価値を重視する必要がある。わたしは、ロゴスと聖霊の普遍的な働きを前提として、日本の宗教的伝統および諸文化に見いだされる価値を受容し、福音化することを提案する。福音宣教において、文化は仲介と協力の役割を果たすことができるからである。

b　日本の宗教観の受容

日本の伝統的な宗教観を反映するものとして、一般的に神道が挙げられる。すでに述べたように、神道は「日本の宗教」（幸／關岡、七頁）であると思われるが、多くの日本人にとって神道は「習慣」に過ぎないものである。わたしも同様の見解であるが、一方で神道の宗教的側面の意味に言及するのであれば、「国家を中心」にしたイデオロギー的な国家神道よりも、仏教や儒教の影響を受ける前に日本に存在し、古代の宗教性を示していた古神道を考える。

古神道人は神体験を中心にしていた。神道の「神」は、「八百万《やおよろず》の神」と言われているように多数である。山、海、川、岩、木々など、神秘的なものはすべて「神」であり、この神概念は抜きん出た資質を持つ人間、例えば英雄や天皇、先祖にも当てはめられることがある。

自然における神体験だけを取り上げるなら神道の神体験は興味深いものである。もし、自然界のすべてが「キリスト教の神」であると言うなら、キリスト教との対話は困難になるだろう。しかし、日本の「神」とは、キリスト教のことばで言い換えれば「神の働き」となる。神道の神体験とは、何よりも自然における神の働きに出会うことである。

神体験は自然、世界、人間から切り離すことはできない。神体験のきっかけになるものは、あるときは山であり、あるときは稲であり、あるときは生命の樹であり、あるときは人間であるかもしれない。古神道の中心は神の働きの顕現である。すなわち、神の顕現する場が中心とされて、それを表現するためにいろいろなイメージが使用されている。このことについて、門脇は次のように述べている。

古代の日本人は……農耕によって得られる大自然の恵みを与えてくれる神を感じ、森の植物も動物も、豊富な川の魚、海の幸を全部与えてくれた母的な神に触れたのです。同時に、神は荒ぶる神でもありました。台風や水害に襲われると、古代人は大自然を通じて猛威を振う神に対して、恐れを抱いたのです（門脇、二三―二四頁）。

キリスト教は神体験の場として、秘跡や啓示されたことばを主張する。自然という場でも豊かな神体験ができることを忘れがちである。現代人は科学的な目だけで自然を見、自然のなかに不思議なものは何もないと思いがちである。

この点に関しては、古神道のように自然における神体験を生かしておくべきではないだろうか。木、山、岩、川などといった自然界に当たり前に存在するもののなかに、尊い神的なものを体験することができる。

わたしが指摘したいことは、自然のなかにある被造物を神として礼拝することではない（エゼキエル8・16、エレミヤ8・2参照）。むしろ被造物を通して、創造主である神を体験すること、言わば自然界でも神との出会いができることを再発見することである。自然のなかに、目に見えるものを通して、創造主を知ることができるはずである。しかし、自然界の美しさを神として間違えて崇拝する落とし穴に落ちないように気をつけねばならない。それは、神を知らない人々の為すことである（知恵13・1―9）。

自然崇拝をする人々はまだ神を知らないとは言え、彼らは創造主を知るプロセスにいる。ここでは、信じる人々には詩編19編を思い起こすべきであろう（2―7）。

大自然には、目に見えるものと目に見えないもの（霊的なもの）が重なって存在することをわたしは確信している。自然が生きている。自然界自体がわたしたちに理解できない仕方で神を賛美している。自然と生命を分かち合っているので、自然からのスピリチュアリティに目を向けることによって、創造主をより理解できるのである。

わたしは、関西で日本語学校に通っていた頃、日本人の知り合いに誘われて登山クラブに入った。そのクラブのなかでキリスト者はわたしだけであった。さまざまな山を登りながら自然に対する思いが深まり、木々や草花、鳥や川の音がまるで神秘的なものを語っているような気がした。普段は、理屈としてしか考えていなかった自然のなかで、神体験を感じるようになった。

人類のゆりかごであるアフリカの大自然のなかでの同じような体験が、わたしの記憶にあった。アフリカでは自然が霊的なものの居場所なので、人々にとっては恐れおののく存在である。人々は自然に対して敬意を示し、不必要に自然を壊すことをしない。例えば、自然に入るときに大声で叫ぶことは禁じられている。小川に近づくときに「ンディ・ンサブカ」（ndi nsabuka ＝これから渡ります）と、自らの行動を先に自然に伝える。まるで、小川にいる神に語っているように。これらの習慣と他の言い伝えは、大自然に対するアフリカのスピリチュアリティを表す。

日本の古神道と同様に、自然はわたしたちアフリカ人にとって神体験ができる場である。わたしは司祭の道と医者の道の両方に憧れていた。どちらかを選ぶべきだと言われた時、大変迷った。

その頃、わたしは人に気づかれないように静かな場所を求め、自然のなかに入って祈りながら散歩することで心を落ち着かせた。数カ月、日が暮れると自然のなかに入って祈ったわたしは、他人には表現できないほど、そこで神体験ができた。同じような体験が日本でできるとは夢にも思っていなかった。関西での登山クラブの経験は、わたしの記憶に眠っていた神体験を思い起こさせたのである。

現代の人々にも、より豊かな神体験ができる道を勧め、自然における神の顕現を再発見してもらう必要がある。自然をわたしたちから離れたもの、もしくはわたしたちの生活の単なる縁取りのようなものと考えることはできない。自然のなかでの神体験によって自然への関心は高まり、自然が上げる叫びに、より深く耳を傾けることができる（教皇フランシスコ回勅『ラウダート・シ』139項）。

c　文化を受け入れる

日本人は神道、仏教、儒教が共存できるような独特の宗教観を編み出した。仏教、神道、儒教の調和を保ちながら融合する「神仏儒習合」と呼ばれ、厩戸王《うまやとおう》（聖徳太子、五七四－六二二）によって唱道された。

日本の文化には、福音を伝えるための背景として利用できる多くの美しいものがある。使徒パウロは、アテネの人々をキリストに導くための橋渡しとして、「知られざる神」という表現を用いた。同じように、少なくともキリストに対する興味を抱かせるために、日本にすでに根を下ろしている仏教や古神道をキリストへの橋渡しとすることができる。これらは教会の教義と多くの点で異なっているとしても、「すべての人を照らすあの真理そのものの光を反映することも決してまれではない」(『諸宗教に対する宣言』2項)。

わたしは「和」という概念を採り上げたい。竹内修一が述べたように、「和」ということばは、日本人の日常生活においてもなじみのあることばの一つであり(「和の心とキリスト教倫理」)、日本の文化は「和」によって表現される。聖徳太子が「和をもって尊しとなし」と書いた時代から、「和」という漢字には日本的な意味があり、日本人は「和」の本質を基準に生きている。

異なる価値、人々、立場をまとめて融合させ、それらをより高いレベルに上げる日本の伝統的精神である「和」は、キリストのメッセージに対する文化的貢献である。この概念は、キリスト教の福音に照らして用いることができる。ほとんどの日本人にとって「和」とは、論争や悪意がなく、すべてが滞りなく進んで、皆それぞれが自分の立場をわきまえ、それに従って行動する完成の域に達した感覚に近いものである。「和」を保つことは大切である。

「和」は人々の夢であり、追い求める理想でもある。完全な「和」として、さらに「和」に至る道として、イエスのメッセージを勧めることができる。イエス・キリストは人々が望む「平和の君」「和」の完全な現れである。

イエスは、「平和の君」として（イザヤ9・5）、平和（シャローム）をもたらすために来た（ヨハネ14・27）。キリストの和（シャローム）は、単に争いのない「平和」を意味するだけでなく、神と人、また人と人とが和解することによってもたらされる神の永遠の祝福である。

「平和」（シャローム）こそ、神の救いの永遠のヴィジョンを表す概念なのである。神の平和のヴィジョンを実現するのはイエス・キリストである。それゆえ、イエスは生まれた時に、羊飼いたちが、「いと高きところには栄光、神にあれ、／地には平和、御心に適う人にあれ」という天使の声を聞いたのである（ルカ2・14）。イエス自身は、「平和を実現する人々は、幸いである、／その人たちは神の子と呼ばれる」と教えた（マタイ5・9）。

キリストを受け入れることとは、その豊かさと完全な調和を取り入れることであろう。それゆえわたしは、和を表現するにあたってはキリストこそがその最も相応しい表現であると思うのである。キリストは日本人の「和」の人格化であると言える。

「和」の文化をもっと検討し、キリストにおける「平和」への理解に導くことができる。「和」の原則の目的は、葛藤や対立を避け、社会生活を送りたいという願望かもしれない。しかし、キリストにおける平和は、葛藤や対立にもかかわらず実現できる「和」である。それは、「あらゆる人知を超える神の平和」（フィリピ4・7）である。完全な「和」の具現化とその個性化として、キリストを日本文化に取り入れることができる。この意味において日本の「和」は、キリストにおいて人格化されていく。

d　一神教と多神教の論争を超える神の働きの思想

日本における福音宣教において、宣教師は一神教と多神教という質問から逃れることができない。わたしは、次のような問題に直面したのである。一神教と多神教はどういうふうな関わりを持っているのか。この論争を超える方法があるのか。一神教（ただ一体の神を信ずる宗教体系）は、多神教や汎神論（複数の神々を崇拝する宗教）に対立するものとして区別されている。

わたしにとって、三位一体の教義は一神教と多神教を超えた最高の教義である。アフリカ人としての視点からは、一神教と多神教を調整して二分法を克服する方法があると思う。一神教か多神教かという二者択一では問題は解決しないだろう。確かに、一神教と多神教の文化が相互に向き合うことは困難であるが、多神教から一神教へという考え方の転換は不可能ではない。人々は、独自の文化から新しい思想を理解するのである。アフリカでは、キリスト教の神は伝統的なアフリカの宗教観から理解されている。

わたしは、日本人の信念による神理解を完全には拒否しない。日本人の世界観は汎神論的世界観である。この世界観によって、基本的に自然現象の背後に神が関わっている。自然のあらゆるところに神がいる（働いている）。この信念は福音宣教の進歩を妨げない。むしろそれを三位一体の神の信仰に関連して考慮すべきである。一神教と多神教を区別するよりも、人々が「神」という概念を使用する時、何を指しているのかを重視する。もし、「神」の概念がキリスト教のことばで言う「神の働き」を指すならば、日本人の「神」の概念は三位一体的キリスト論から理解することができる。三位一体の教義は神自身の働きを現すからである。

前述のように遠藤周作は「神が働いていてくれているという気持が私の心には強いのです」と述べたが、「神の働き」とは神の性質を現す。自然のあらゆる現象は神の偉大さとその働きを現している（詩編139・7-10参照）。それゆえ、人々は神の働き（存在）をどこにでもあると感じることは問題ではない。

同じ神の外部的活動が多様な仕方に現れるように、人々の神の理解は異なるであろう。それゆえ「山の神」「川の神」「森の神」などといった表現は、同じ神の働きを指しているのである。

2　福音宣教と宗教間対話

日本では、オウム真理教のようなカルト宗教団体による受け入れがたい残虐行為によって、宗教という組織が危険であると思われるようになった。近年も世界平和統一家庭連合（旧統一教会）の問題で社会との緊張関係があることは否定できない。

日本では表面的に諸宗教が仲良く並存することは、日本風土の伝統的な「和」の表れであるが、宗教間には対立と誤解がある。例えば創価学会と日蓮正宗、立正佼成会などは対立関係にある。キリスト教も正しく理解されていない。このような状況のなかにあっては宗教間対話が必要である。その根拠としては二つの理由が挙げられる。一つは、諸宗教併存状況のなかで宗教の相違を超えて共同して取り組み、解決して行わなければならない多くの問題があるという認識である。もう一つは、諸宗教併存状況のなかで、各宗教がそれぞれ自己主張を繰り返すだけでなく、他宗教に聞き、他宗教から学ぶことが必要であり、それが有益であるという認識である（幸／闕岡、二四九頁）。

福音宣教においてわたしたち宣教師は「宣言」と「対話」の両方を大切にしなければならない。

1　福音宣教における「宣言」と「対話」

教皇パウロ六世が述べたように、「もし、神の子ナザレのイエズスの名と、その教え、生涯、約束、神の国とその神秘がのべ伝えられなければ、真の福音宣教はあり得ません」（使徒的勧告『福音宣教』22項）という事実をわたしは確信している。日本で、イエス・キリストを告げ知らせないなら、本当の福音宣教はあり得ない。

イエス・キリストを告げ知らせることを強調（優先）するのは、改宗させようとする考えや何らかの優越感によるものではない。宣教師として、キリストの命令に従って福音を宣《の》べ伝えなければならない。それは、キリストにおいてご自分を現し、与えておられる神の「よい知らせ」を聞く権利をすべての人が持っていることを知っているからである（教皇ヨハネ・パウロ二世回勅『救い主の使命』46項参照）。

わたしはイエス・キリストのメッセージを深く信じるが、他の宗教を理解すること、さらには諸宗教間対話の必要性を強く訴えたい。これまでさまざまな形で宗教間対話が行われているが、新たな視点から宗教間対話の必要性を感じたのである。

諸宗教に関するキリスト教の神学において、わたしは諸宗教のなかに肯定的な価値を見いだし、救済のオイコノミアのなかにこれらの諸宗教の位置づけを認めることを勧める。ここで勧める諸宗教間対話の新たな視点は、これまで数多く参照してきたデュプイの『キリスト教と諸宗教』から採るものである。

宗教的多元性の現実のなか、デュプイは対話を「福音化」の本質的な要素[3]として見なしている。対話することは福音の内容を宣べ伝えること（「宣言」proclamatio）も含めて、福音宣教の不可欠な要素である。

「対話」することと「宣言」することは福音宣教に含まれるが、それぞれの特徴は異なるのである。福音宣教において、「対話」が「宣言」のただの道具とされるべきではない。教皇ヨハネ・パウロ二世は、「対話」とイエスを告げること、すなわち「宣言」との関係について、次のように述べている。

救いの計画に照らされて、教会は、キリストを告げることと諸宗教間で対話を行うこととの間に何も矛盾を感じてはいません。むしろ教会は、教会の諸国の民に宣教する使命のなかで、それら二つを結びつける必要があると考えています。これら二つの要素はお互いの密接なつながりと、それぞれの特徴とをともに保持しなければなりません。ですからその二つを混同したり、操作したり、あたかも互いに置き換えられる同一のものとみなしたりしてはなりません（回勅『救い主の使命』55項）。

「宣言」は、キリスト教の共同体のなかに人々を招き入れることを目的とする。対照的に「対話」は、他宗教の信者にキリスト教への回心を第一の目的として求めない。教皇庁諸宗教評議会・福音宣教省は、『対話と宣言』において、対話と宣言を次のように定義した。

「対話」は、「真理を求め、自由を尊重して、互いを理解し、豊かにするために行われる、他宗教の信者個人および共同体とのあらゆる積極的で建設的な関係を意味する」（9項）。他方「宣言」は、「神がイエス・キリストにおいて聖霊の力によって、すべての人間のために実現した救いの秘義、つまり福音のメッセージを伝達することである。それは、信仰をもって自分をイエス・キリストに委託するための招きであり、信仰者の共同体である教会に洗礼によって入るための招きである」（10項、『キリスト教と諸宗教』三九二頁も参照）。

デュプイが主張したように、「対話」それ自体で価値がある。宗教同士の対話において、教会は人間個人および人類の宗教伝統に潜んでいる、ロゴス「みことばの種子」と「すべての人を照らす真理の光」を見いだすよう努める。

2　宗教間対話の目的と実践

神に向かって皆がより深く回心するという目的があるので、諸宗教間の対話には固有の価値があると言われている。宗教間対話を通して何を目指すのか。日本カトリック司教協議会は三つの目的を挙げた。

(1)　キリスト者と諸宗教の信者が、互いの相違を承知した上で、正義と平和を築き、自然環境を保護するために、相互に尊敬しながらともに力を合わせること。
(2)　キリスト者と諸宗教の信者の対話が深まる中で、相互に信条を再確認し、互いに励まし合い、自らの信仰においてより深く回心すること（『対話と宣言』41参照）。
(3)　キリスト者と諸宗教の信者が、それぞれの信仰を証しすることにより、相互によい影響を与え、受けた恵みを分かち合うこと。そのとき、より豊かな恵みを受けた人はより豊かに与えることにより、更に満ちあふれる神の恩恵にあずかることになる（日本カトリック司教協議会諸宗教部門編『カトリック教会の諸宗教対話の手引き』二三頁）。

宗教間対話はさまざまな形を取ることができる。同時に対話はさまざまなレベルで行われることができる。以下において、四つのレベルで行われる対話を紹介する。すなわち、日常生活のレベル、教室レベル、専門家会議のレベル、そして相互のスピリチュアリティ（祈りと黙想）のレベルである。

a　日常生活のレベルでの対話

「宗教間対話」と聞くと、ほとんどの人は宗教団体の代表者が会議場で正式に互いの見解を論じ合う場面を思い浮かべるかもしれない。しかし、忘れがちなのは、宗教間対話は何よりもまず草の根で行われるということである。

教皇フランシスコが述べたように、「近づくこと、伝えること、耳を傾けること、目を向けること、互いを知ること、互いに理解しようとすること、接点を探すこと――、このどれもが、動詞『対話する』に集約されます」（回勅『兄弟の皆さん』198項）。

イエスとサマリアの女との対話（ヨハネ4・5－26）は生活のレベルにおける対話のモデルとして取り上げることができる。イエスとサマリアの女との出会いと対話は、神殿や教会、寺院などの前もって用意されたところでは行われていない。この対話は日常的に関わる場、すなわち、水をくむ井戸で行われたのである。イエスとサマリアの女性の出会いの場の環境、そして水についての会話の内容は、一見したところ宗教的な事柄ではなく、むしろ日常的な生活を表すものである。

日常生活においては所属する宗教団体にかかわらず、人々は相互の関わりをもつ。日常生活は対話の場となり、そこで無意識のまま人々は生活の対話を行っているのである。これは誰もが行える対話であり、誰もが対話の相手となるレベルである。

基本的に、どの文化においても、どの社会においても、人と人が出会えば「対話」が生まれる。日常生活のレベルにおいては、人間として他者と関わり、喜びも悲しみも、希望も不安も分かち合い、日々ともに生きるという日常生活が対話の最高の場となる。このような対話を重視し、信者たちに認識させる必要がある。

日本では家族のメンバーがそれぞれ異なる宗教団体に属しているケースが多々ある。夫が仏教徒で、妻はキリスト教徒というケース、または、夫はプロテスタント信者で、妻と子どもはカトリック信者というケースもある。同じ家庭のなかに仏壇が置いてあり、イエス・キリストの十字架も壁に飾ってあることを見かけることも珍しくない。伝統的な祭りに参加することについても、七五三の参拝、結婚式や葬儀をどこで行うのかについても、家庭内でメンバーが対話をして決めるのである。似たような対話は地域の人々の間や友人同士でも行われる。この対話の特徴は、身近な人の間で行われ、知らないうちに自分も親戚の人々や地域の人々の宗教に関わることになるということである。この意味で、日常生活において、諸宗教間対話は単に神とか、救いとか、教義などについて、観念的に比較対照するというようなことから始まるのではない。人々は自分たちの日常生活に生じる諸問題について自然に対話を行うのである。

所属宗教にかかわらず、住んでいる地域で行事や祭りが行われる場合がある。例えば、バザーやチャリティーコンサート、クリスマス劇や成人式、墓参りなど。これらの行事に参加することによって知らず知らずのうちに他者と対話を行うのである。

日常生活の対話は明示的なものではなく、暗黙のうちに行われ、対話者は近所の人、友人、地域の人々や職場の同僚など、日常生活のなかで出会う人々である。このレベルでの宗教的な交流は、日常生活での相互の態度や行為などのうちに行われるものである。このような対話を忘れてはならない。

b　教室レベルでの対話

戦後の日本では、公立学校における宗教的側面が一切排除されているので、教室レベルで生徒にさまざまな宗教の知識を得させるチャンスが奪われている。改正教育基本法第一五条には「宗教に関する寛容の態度、宗教に関する一般的な教養及び宗教の社会生活における地位は、教育上尊重されなければならない」とあるが、実際は教育現場で宗教教育が重視されている様子は見られない。

一方、キリスト教系の私立学校では特定の宗教科目があり、宗教が授業のなかで取り上げられているため、教室の場面で諸宗教間対話が展開されることが予想される。それは、教師が一方的に授業を行うとしても、学生のなかには異なる宗教に関わる者がいるはずである。教師と学生の間で行われる質問、また学生相互の間で行われるコメントややり取りは、教室レベルにおける宗教間対話であろう。「このレベルの対話は主として宗教についての知識や情報であろうが、それでも時に宗教の生き方の告白をめぐる対話もおこるであろう」(幸／闞岡、二五二頁)。

現代の日本社会においては「道徳心」が失われているとされる一方で、公教育に宗教の科目を入れることに反対する人もいる。しかし、改めてわたしが受けて来た宗教教育を振り返ると人生における価値基準をしっかり整えたと言うことができる。他者に関する寛容の態度と尊敬、いのちの尊さと隣人愛などの教育を宗教という科目から学んだ。それに、わたしは高校で宗教の科目を教えた経験も持っている。生徒たちは、宗教とはいったいどんなものなのか、他人の宗教とどう向き合っていくか学ぶことを必要とする。なぜなら、そういった包括的な知識を持つことによって他人の宗教に対して適切な態度を育むことができるからである。

c　専門家会議のレベルでの対話

このレベルでの対話は専門家、あるいは各宗教の代表者が集まって議論をする明示的な対話であり、神学的な交流の対話とも呼ばれる。このタイプの対話者は、異なる宗教によって指定された資格のある代表者、または代表団である。このレベルの対話は公式、あるいは公的に行われる可能性があり、会議、シンポジウム、円卓会議、討論会の形で開催される。多くの場合、これらの交換の成果は、さらなる研究のために意図された記事や書籍などの形で公開される。

カトリック大阪大司教区諸宗教対話委員会の委員長が「国際宗教同志会平成三一年度総会記念講演」で述べたように、専門家会議のレベルで大切なことは真理を求め、信教の自由を尊重し、互いを理解しながら互いの豊かさを交換することである。

専門家のレベルで行われる対話の目的は、相互の理解を深め、特定の教義や倫理的問題に関する意見を交換し、他宗教と自分の信仰の過程を比較することである。このような会議の参加者は、他宗教の視点から自分の信仰を見て、それをよりよく理解しようとするのである。他宗教への改心が目的ではない。

神学的な交流の対話の前提として、「神学的対話の原則」を認識しておかなければならない。自分の宗教に関する豊富な知識を持ち、他者が述べることを聞く能力をもつこと。他者を自分の宗教に改宗させる意図や欲望で対話に入ることを避けること。対話のパートナーを受け入れ、尊重する能力を持つこと。そして自分の宗教的伝統に関する批判的な発言を受け入れることである(King, Sallie B.)。

神学的な交流の対話のためには歩み寄りと開放性が必要である。このレベルにおける対話は、諸宗教の間の対等な立場で行われるときにのみ誠実なものとなりえる。実り豊かな対話が行われるために、デュプイは、対話における誠実さを口実に、一時的にせよ自己の信仰を失う状態に追い込んでしまってはならないと言う。それは神学的な交流の対話に求められることではないからである。「逆に、対話における正直さと誠実さとは、さまざまなパートナーが自己の信仰の忠実さのなかで対話に入り、その対話に全身全霊をかけることを特に要求する。いかなる不信感も、いかなる心理的な遠慮の余地もない」(『キリスト教と諸宗教』四〇六頁)。

プロテスタントの神学者であるパウル・ティリッヒも、異なる宗教間の対話にはいくつかの前提があると指摘した。彼は、対話する宗教者は、まず相手側の宗教的確信を承認できなければならないと言う。対話者は対話が有意義であると考えなければならない。それぞれが自分の宗教の根底を、確信をもって説明できなければならない。そして、自分の宗教に向けられた自由な批評を受け入れるということができなければならない。以上のような前提がなければ真剣な対話は行われないし、実り豊かな成果が生ずることはない(幸/鬭岡、一三八頁)。

神学的な交流の対話は互いに学ぶ機会であり、それぞれの宗教の信仰について競争的に論争する場ではない。この対話においては、自分自身の確信と他者の確信に対する誠実な評価をもって、互いの相違のなかで互いの信仰を理解することを目指すのである。デュプイが述べたように、「真の対話は、このように両者を、それぞれ相手が備えている信仰に対する確信が自分にとって何を意味しているのかを、自分自身に問いかけるように導く」(『キリスト教と諸宗教』四〇七頁)。したがって、神学的な交流の対話において、自分の信仰への確信を保つことと他者への開かれた姿勢とは結びついていなければならない。

日本における神学的な交換の対話の例としては、二〇一四年に開かれた「第一八回国際神道セミナー」が挙げられる。このセミナーのテーマは「キリスト教と神道との対話――二つの宗教が探る協調への道筋。過去・現在から未来へむけて」であった。このセミナーでは、「環境問題と宗教」と「宗教における祈りの意味」という二つのテーマで議論がなされ、神道とキリスト教の立場からそれぞれの見解が示された。わたし自身は、二〇一七年一二月九日に明治神宮の神宮会館で開催された「宗教交流トークショー」で、キリスト教を代表して、東京ジャーミイ広報担当の下山茂先生(イスラームの代表)、そして明治神宮禰宜《ねぎ》の間島誉史秀先生と自然に関する神学的な見解を交換した。その時に与えられていたテーマは、「宗教者から見たいのちの森と100年後の未来へ」であった。この「宗教交流トークショー」を通して、わたしは創世記物語をはじめ、詩編や教皇フランシスコの回勅『ラウダート・シ』などを引用しながら、自然に対するキリスト教の考え方を述べた。イスラームと神道の話にも耳を傾けたが、彼らの話と宗教的見解は、わたしのキリスト教についての考え方を豊かにしてくれた。

わたしはオリエンス宗教研究所[4]での自身の研究において、宗教間対話に関わる人々は、それによって一層自らの信仰が豊かにされるということを理解した。例えば、神や人間と自然などについて、これまでの自分の宗教経験だけでは明らかにされていなかった側面が、他者の宗教経験との対話を通して、より明確に理解することができる。それゆえわたしは、宗教間対話を通して、自分の信仰と神に対する考え方を豊かにすることができると思うようになった。デュプイも同じ経験をした後、次のように述べた。「わたしは、他宗教の信者との対話を通じて、自分の信仰が深められた」(Dupuis, 2003, p.171 から引用者訳)。

d　スピリチュアリティ間の対話

このレベルの対話は宗教的経験の対話、またはスピリチュアリティ間の対話とも呼ばれる。祈りと瞑想を分かち合うことは「宗教生活の最も深いレベル」に至る対話である。フランシス・アリンゼ枢機卿（Cardinal Arinze, F.）は、異なる宗教が互いにスピリチュアリティ（霊的な経験）を分かち合うことこそが最も深いレベルでの宗教間対話であるとした上で、この次元での対話は参加者にそのための豊かな精神的意義を与え、表面的なレベルにとどまる他の形式における対話の不十分な点を担うことができると指摘している。

諸宗教間のスピリチュアリティ次元での対話は、霊的な交わり、霊的な円熟、耳を傾ける能力と受容力、責任感と謙遜さを前提とする（de Béthune, Pierre F., 1996）。このレベルの対話は超越者の共通の認識だけでなく、互いの宗教のなかに神の聖の現存を認識することでもある。それゆえ、対話者は霊的な交わりに入るのである。これはスピリチュアリティ間の対話の第一の前提である。

第二の前提は霊的な円熟である。スピリチュアリティ間の実り豊かな対話が実現するためには、各対話者が所属の宗教において深い霊的経験をしていなければならない。例えばこれは、ペトロのように「神は人を分け隔てなさらないことが、よく分かりました」（使徒言行録10・34）、というような霊的な円熟と理解に至ったキリスト者のことを指し、仏教徒であれば、悟りをすでに得た人でなければならない。

第三の前提は耳を傾ける能力と他者を受け入れる能力である。自分の見解を述べる前に、まず他者に耳を傾けることは対話に不可欠である。真の対話では、話すよりも聴くほうが得ることが多いのである。他者が述べることばを聴くだけでなく、ことばでは表現できない他者の経験を聴く、沈黙のうちに聖霊のことばを聴くこともできる。他者を聴くことは受容力につながっている。また、もてなしは神体験の機会を作る。ヘブライ人への手紙においては、他者をもてなすことが非常に評価されている。「旅人をもてなすことを忘れてはいけません。そうすることで、ある人たちは、気づかずに天使たちをもてなしました」（ヘブライ13・2）。他者をもてなす態度を通して、他者の霊的体験から自分の信仰を豊かにすることができる。この態度の延長として、謙虚さも必要である。これがスピリチュアリティの対話の第四の前提である。

このレベルの対話では、具体的に祈りと瞑想の経験を分かち合う。ピエール・フランソワ・ド・ベツネ（de Béthune, Pierre F., 1998）によれば、スピリチュアリティの対話のレベルにおいて、祈りは真の出会いの出発点である。異なる宗教の人々が祈りや瞑想をするために一緒に集まるところで、対話の風景は表現に生じる。共に祈ることは宗教間対話のプロセスの出発点であるだけでなく、真の対話の重要な要素でもある。祈るために集うことは、神と全人類の関わりの尊さという基本的な事実を認めることになる。一九八六年一〇月二七日にイタリアのアシジで開かれた諸宗教による「世界平和のために祈る集い」の前、ヨハネ・パウロ二世は「祈るために、ともに集う」ことについて次のように説明した。

この集いでは、全人類が生き残るために、今日最も必要な賜物、すなわち、平和を神に祈り求めます。きっと、すべての参加者が、隣り合わせた相手と出会うことによって、心の底から相手を大切に想うようなかけがえのない愛情のめばえを実感することになるでしょう（『キリスト教と諸宗教』四二〇頁）。

宗教間対話から共通の祈りへと導かれる。そもそもなぜ一緒に祈るのか。対話の神学的な基礎は何なのか。第二バチカン公会議はすでに二つの要素を指摘していた。すなわち、神は全人類の起源であること、そして救いに関する全人類の共通の運命とは神による贖《あがな》いのことである。神の内に全人類が一致することができる。これが「一致の秘義」と呼ぶ。

「一致の秘義」が宗教間対話、もしくは一緒に祈ることの神学的な基礎である。宗教的境界線を越えて一緒に祈ることとは、全人類の本来の一致の絆を求めるしるしなのである。神の救済のオイコノミアにおいて、全人類は同じ一つの始まりと同じ一つの終わりを共有している。ほとんどの人は、表面的にはこのことに気づいていないが、一緒に祈ることによって、内面的には人類がどこかで共通しているということを実感できる。

人間は誰もが神の似姿として創造された。一人ひとりの中に神の心のかけらがある。一緒に祈るときに、与えられている神の心のかけらが集まって一つの心になる。教皇ヨハネ・パウロ二世は、全人類を結ぶ一致の秘義について次のように述べた。

人類は彼らの起源、運命、同じ神の計画のなかでの協働には気づいてさえいないかも知れないし、彼らが互いに異なる、相容れない宗教について表明する時、彼らはこの分離は超えられないものと感じます。しかしそうではありません。これらの相異にもかかわらず、全人類は、たとえそれに気づいていなくても、「キリスト自身と一人ひとりが結ばれているある種の仕方で」（『現代世界憲章』22項）、キリストにおける神の一つの偉大な計画のなかに包み込まれているのです（同書四二五頁）。

異なる宗教の人々が一緒に祈るために集うところでは、聖霊の働きが確認される。わたしは、二〇〇九年から今日に至るまで「世田谷宗教者懇話会」[5]によって企画される「世界平和を祈るつどい」に参加し続けている。この集いは年に一回、東京都世田谷区の宗教関係者（仏教・神道・キリスト教・イスラーム）が集い、話し合い、世界平和のために祈りをささげる。この集いは、神社、教会、寺院、モスクを会場として、それぞれの宗教者が自身の宗教の垣根を越えて一堂に会し、世界の平和をそれぞれの宗教の形で祈り合うものである。

同区内にあるカトリック松原教会において、この集いが開かれた時の印象は強かった。それは、聖堂内の十字架と祭壇の前でそれぞれの宗教者が順番に祈りを唱えていた時の美しさである。神道の代表者が世界平和祈願祭を行い、巫女が美しい「浦安の舞」を奉奏した。仏教の代表者は妙法蓮華《みょうほうれんげ》経《きょう》観世音《かんぜおん》菩薩《ぼさつ》普門品《ふもんぼん》という「お経」を唱え、イスラームの代表者はコーランを唱えた。そしてキリスト教（カトリック、プロテスタント、聖公会）が一つとなって、アシジのフランシスコの祈りと賛美を唱えたのである。これらの集いに参列した人は、きっと宗教間対話の調和の美しさを実感しただろうと、わたしは思った。

これまでのそれぞれの集いにおいて、わたしは他宗教の信者に、「あなたは、何を、誰に、どのように祈っているのか」と問いかける。数人は、「祈ってはいるが、誰に祈っているのかわからない」と答える。キリスト者であろうと他宗教の信者であろうと、いかなる人間でも心から祈るという動作に導くのは神の霊であるとわたしは思う。本人が誰に祈っているのかがわからないとしても、祈りたいという気持ちは聖霊の招きである。デュプイも同様の見解を持っていた。彼は、一つひとつの真正な祈りは知られざる神に向けられたものであっても、「人類の内に現存し、働いている聖霊の結実である」と述べている（同書四二六頁）。

聖霊の働きで、共通の祈りは可能であり、望ましくなる。共通の祈りを通して、諸宗教の人々のなかで働く神の霊における深い交わりが示される。アリンゼ枢機卿は共通の祈りに参加するキリスト者について、「スピリチュアリティの対話に関わるキリスト者は、諸宗教のなかでの聖霊の働きを賞賛できる。彼らは、諸宗教の人々と協力する良い立場にある」と述べた（Cardinal Arinze, F. から引用者訳）。

3　福音宣教における現代教会の役割

わたしたちは混乱の時代に生きている。ポストモダニズムは教会にも蔓延《まんえん》し、絶対的なものは否定され、福音宣教における中心的メッセージは忘れられてしまう傾向がある。この時代、神の国に反する価値観で世界は覆われている。宗教は政治的圧力に左右され、真理は世論調査によって決定され、日本では、信者と司祭の高齢化や召命不足という問題があり、ローマ・カトリック教会は退行しているように見える。

わたしにとって、今日、日本における福音宣教の関心事項は、どれだけ神の国の価値を受け入れ、それを生きる人がいるかということである。今日の福音宣教は、「神の国の価値観」を中心にして、再出発する必要がある。教皇ヨハネ・パウロ二世は、神の国の価値観を明確にして、次のように述べた。

神の国は人間関係を変えることをめざしています。神の国は、人々が互いに愛すること、ゆるすこと、仕えることをゆっくりと学ぶにつれて徐々に成長します。イエスは愛のおきてに焦点を合わせて、すべての律法を統合され（マタイ22・34－40、ルカ10・25－28参照）、弟子たちから離れる前に、「新しいおきて」をお与えになります。「わたしがあなたがたを愛したように、あなたがたも互いに愛し合いなさい」（ヨハネ13・34。同15・12参照）。世界に向けられたイエスの愛は、人類のためにご自分のいのちを与えるという最高の表現のうちに見いだされます（ヨハネ15・13参照）。それは、世に対する神の愛を示すものです（ヨハネ3・16参照）。ですから神の国の本質は、全人類における相互の、そして神との交わりのひとつなのです（回勅『救い主の使命』15項）。

今日の福音宣教において、教会は急速な拡大という期待をすることなく、神の国の価値観を優先すべきである。現代教会が落とし穴に陥らないように、わたしは以下において、キュンクが指摘した警告（『教会論』〔上〕）を確認し、自らの視点とことばで新たにする。

(1) 教会は、自己自身を福音宣教の中心とすることを避けなければならない。かえって教会は、神の国を福音宣教の中心としなければならない。

(2) 教会は、自己自身を救済のオイコノミアの歴史の終極であるかのように、福音宣教の目的を変えてはならない。

(3) 教会は、福音のメッセージを自己自身の定義と置き換えてはならない。教会の教義の定義ではなく、主のことばのほうが永遠に続くのである（ルカ21・33参照）。

(4)　教会は、あらゆる努力にもかかわらず、独力で神の国を創造しようと欲することを避けなければならない。かえって神が教会のためにそれを創造する。
(5)　イエスは、神の国を純粋に霊的な主権として宣教した。教会は、キリストの跡にならって神の支配を純粋に霊的な主権として告げなければならない。教会は、政治的神政政体として振る舞うことはできない。教会の天職は、霊的に仕えることである。
(6)　教会の必要性に関して、二つの極端な解釈を避けなければならない。一つは、救済のために教会の必要性と普遍性をイエス・キリストの必要性および普遍性とまったく同じレベルに置くこと。もう一つは、救いのための教会の必要性と普遍性を教会のメンバーの救いのためにのみ限定し[6]、その役割を最小限に留めてしまうことである。
(7)　教会は、救いの源ではなく、神の救いの道具、豊かな恵みと救いの手段、または救いの秘跡である。
神の国の完成まで、教会が行う福音宣教は必要である。救いの秩序のなかで、教会はキリストの普遍的な救いの秘義を継続的に現実化するために設立された。教皇ヨハネ・パウロ二世によれば、教会は福音の価値観を広め、人々が神の計画を受け入れるよう助けるために働く(回勅『救い主の使命』20項)。すべての人に福音が宣べ伝えられ、神の国の価値観があらゆるところに現実化されるなら、キリストの再臨が訪れる(マタイ24・14)。わたしは、神の国が特別な仕方で教会のなかに現存し始まっていることを認めるが、教会の境界線を越えて、他の諸宗教の伝統のなかには神の国の現存はないとは言えない。

今まで、そしてこれから後も福音宣教をしながら、わたしは隣人への愛と奉仕に自分をささげるとき、どこにでも、神の国は存在することを確信する。たとえ、教会の外であっても、神が受け入れられ、福音の価値が生きられるところならば、どこにでも、神の国は存在すると信じる。

この意味で、キリスト教と諸宗教は神の国の共同建設者であると言える。キリスト者と他宗教の信者は同じ世にあって、神の国をともに築き上げていくように呼ばれている。諸宗教の信者とわたしたちキリスト者が福音の価値観をある程度すでに共有しているなら、終末的な完成に向かって、それぞれの宗教で神の国を発展させることができる。教会の主な活動は、どこにあっても神の国の価値観を広めることである。

4 まとめ

日本における福音宣教と宗教間対話に関して何を考慮すべきなのか。ローマ・カトリック教会は現在という時間と場所において、自らの使命を生き、遂行している（教皇ヨハネ・パウロ二世使徒的勧告『アジアにおける教会』5項参照）。日本における福音宣教では、日本の現在の人々の文化と宗教的信念を考慮すべきである。福音宣教は、何よりもキリストのメッセージにおける価値観を現代の人々に伝えることである。それは、すなわち神の国の価値観である。キリスト者人口の急速な拡大を優先せずに、和の文化にまず福音を根づかせることに努力する必要がある。日本人は和の文化を重視する。ヨハネ・パウロ二世が指摘したように、「神の国はある文化に深く結ばれた人々のところに来ますし、神の国を建設するには、人間の諸文化からさまざまな要素を借りる必要があるのです」(同書21項)。

和の文化に福音を根づかせる義務とともに、福音宣教は宗教間対話をさまざまな形態で行う必要がある。福音宣教は「宣言」と「対話」の両方を遂行する必要がある。宗教間対話に関して、デュプイは対話の推進者の一人として、先駆的な考え方を示している。わたしは宗教間対話においては諸宗教間の相互尊重を強調したい。相互尊重がなければ対話ができないからである。

本書4章で論じたように、諸宗教は救済のオイコノミアに何らかの役割を担っている。他の宗教を尊重することは、救済のオイコノミアのなかでその宗教が担っている役割を認めることである。自分の信仰や救済の見解を持つことと相手の信仰と救済の見解を尊重するということ、その両方が必要である。他宗教の役割を認めることによって、対話がスムーズに行われる。2章で述べたように、聖書の観点と初代教父たちの神学において、救済のオイコノミアは全人類のためにあり、他の宗教と関係しているのである。

救済のオイコノミアにおける諸宗教の役割を認識して、デュプイはキリスト教の神学と宗教間対話に新たなアプローチをもたらした。彼は、包括主義者と多元主義者の両方のアプローチを調整する中間の方法を見つけ出した。バランスのとれたアプローチとして、聖霊の役割をより考慮した三位一体中心の神学を提供したのである。聖霊は、キリストがまだ知られていないところでも働いている（Sydnor, J. P.）。聖霊は、宗教間対話の主人公である（Santiago-Vendrell, A. D.）。対話に導くのは聖霊である。聖霊は、他の宗教との対話を達成するための鍵を与える。イエスが弟子たちに聖霊を約束したように、聖霊によって「すべての真理に導かれる」（ヨハネ16・13参照）のである。

対話においてキリスト者は、他者に真理を一方的に伝えるという態度を反省すべきである。他者の文化や宗教に秘められた真理をも受ける態度を取るべきである（Dupuis, 1997, p.382.）。他の宗教者と対話するために、寛容の態度を取るべきである。人にはいろいろな考え方、信仰の在り方があり得る。それを神はゆるしておられるのだから、必ず学ぶべきことがある。岡田武夫は宗教と寛容について、次のように述べている。

ユダヤ教、キリスト教、イスラム教の神は共通の神、唯一の神です。そうであるなら、ユダヤ教徒であろうと、キリスト教徒であろうと、イスラム教徒であろうと、誰でもかけがえのない存在として慈しみ、幸いを望み、神への一致へと導いてくださるはずです。自分を神の位置において、神のかわりに他の宗教あるいは宗派の信徒を断罪したり討伐したりするという考えは、唯一の神の信仰と矛盾するのではないでしょうか（岡田、二二七頁）。

注

1章

1　例えば、教皇ヨハネ・パウロ二世、カール・ラーナー、ハンス・ウルフ・フォン・バルタザール、ガーヴィン・デコスターなどがいる。

2　「キリストが死なれたのは、ただ一度罪に対して死なれたのであり、生きておられるのは、神に対して生きておられるのです」（ローマ6・10）、またはヘブライ7章27節、9章12節、10章10節。

2章

1　イエスは、律法学者の圧制的な律法尊重主義、祭司階級による庶民からの搾取、ファリサイ派の人々の傲慢な態度や偽善などに対して公然と批判を加え、叱責した。さらに、ユダヤ教の神殿で行われていたことと異邦人に対する宗教的差別行為に異議を唱えた。

2　イエスは、誕生四〇日後に神殿で主に献《ささ》げられ（ルカ2・22－39）、一二歳になった時、神殿の境内で学者たちの真ん中に座り、話を聴き質問していたとされる（同2・46－49参照）。

イエスは、公生活の前には毎年過越祭にエルサレムの神殿に詣でていたようである（同2・41参照）。

3 『ストロマテイス』は、さまざまな議論について体系的な形で述べたものではないが、クレメンスの普段の教えから直接生まれたものである。

4 第二バチカン公会議は、キリスト教のユダヤ教的ルーツを受け入れ、反ユダヤ主義を拒否し、そこから発生するあらゆる悪しき差別や迫害を非難する方法を示したかった。

5 一九九八年に教皇ヨハネ・パウロ二世によって「諸宗教評議会（Pontificium Consilium pro Dialogo inter Religiones）」と改名された。

6 最悪の例としては、ある宣教師たちはアフリカで地元の宗教的なものを壊し、アフリカの人々を傷つけてしまった。彼らは、アフリカの人たちは、キリスト教伝来以前に「悪魔」を拝んでいたという先入観を抱いていた。

7 ある新聞に掲載されたコンガールの死亡記事欄には、「第二バチカン公会議は、ほとんどコンガールの公会議と呼ばれ得るものであった」と記されていた。確かにコンガールは、第二バチカン公会議の公文書となったテキスト作成において、重要な役割を果たした（ファーガス・カー、六六頁）。

3章

1 その理由を挙げる箇所もある（ヨハネ21・20－23、二ペトロ3・3－9参照）。

2 テルトゥリアヌス（一五五頃－二二〇以後）は、三世紀のラテン語圏最大の神学者である。小高毅はテルトゥリアヌスがラテン神学の創始者であることは否定できないとする。彼は、特に三位一体論と受肉に関して教理神学上大きな功績を残している（小高毅「テルトゥリアヌス」『新カトリック大事典』）。

3　クレメンス（一五〇頃－二一一／一五頃）とオリゲネス（一八四／八五－二五三／五四）は初期アレクサンドリア学派の最大の神学者である。オリゲネスは、古代ギリシア教父中、最大の聖書研究家であり、クレメンスは、ギリシア思想とキリスト教神学を結びつけ、以降のキリスト教神学の発展に大きな貢献をした。

4　カッパドキア三教父は、特に修徳的かつ神秘主義的傾向をもち、教理的には、ニカイア信条の三位一体論であるホモウシオス（同一本質）をアレイオス派に対して弁護し、それをさらに発展させて「神の唯一のウシア」（本質）、三つのヒュポスタシスという定式を作り上げた点に特徴がある。彼らは、この観点から聖霊の働きかけに特に注目し、御父から御子を通しての聖霊の派遣を体系づけた（高柳俊一「カッパドキア三教父」『新カトリック大事典』）。

5　人間本来のあり方を考え、人間性の解放を追求すること、すなわち「ヒューマニズム（人文主義）」がルネサンス期の基本的な思想となる。

6　特に、異端とされたアレイオス（アリウス）の説である。アレイオスは、アレクサンドリア教会の司祭であった。彼は、御父だけを永遠の神と認め、御子を無から時間的に創造された最初の被造物と見なした。アレイオスの説をめぐる論争で多くの教会に混乱を引き起こしたので、三二五年にニカイア公会議が開かれ、三位一体の教義が定義された。本公会議で、アレイオスの説を排斥することばを従来の信条に入れた新たな信条が宣言された。

４章

1　コプト教会に対するフィレンツェ公会議の布告においては、イエスによる福音の公布をもって、モーセとの契約は破棄された、と述べている。この点に関して、わたしは、イエス・キリストご自身の宣言に目を向ける。「わたしが来たのは律法や預言者を廃止するためだ、と思ってはならない。廃止するためではなく、完成するためである」（マタイ５・17）。このことばによって、モーセとの契約が破棄されたなどという主張は退けられる。

2　パウロは神の救いの計画を、子どもが大人になるまでに受ける教育にたとえて説明する。子どもが養育係によって訓育されるように、イスラエルは、時が満ちるまで律法の後見のもとで存続する。時が満ちて、神は人間を養子とするために、自分の子をこの世に遣わしたのである。そして聖霊の授与も、人間が実際に神の子となることの証拠である（ガラテヤ４・１－７、３・24－25参照）。

3　メルキゼデクの役割は、やがて永遠の祭司であるキリストを指し示すきわめて象徴的な啓示である。メルキゼデクがアブラハムに持ってきた「パンとぶどう酒」（創世記14・18）は、後にキリストによって救いの記念のために用いられるようになった。メルキゼデクはアブラハムに対して、「パンとぶどう酒」を通して、やがてキリストの到来と救いのわざを預言的に示していた、と考えられる。

4　ニネベの町の人々の信仰と南の国の女王（アラビアの国シェバの女王）の例も挙げられる（マタイ12・38－42）。異邦人の都ニネベの人々は、ユダヤ教の預言者ヨナのことばを素直に受け入れ、悔い改めて、神の裁きを免れた。異教徒のシェバの女王は、イスラエルのソロモン王の知恵を聴くため、イスラエルに旅した（列王記上10・１－10、歴代誌下９・１－12）。イエスは、ニネベの人々と南の女王を引用することによって、異邦人の信仰の模範を賞賛した。

5　ガリラヤ湖の北西にある町コラジン、ガリラヤ湖の北東岸の町ベトサイダ（弟子のペトロ、アンデレ、フィリポの出身地）、ガリラヤ湖北西岸の町カファルナウム（イエスの宣教活動の拠点）。

6　ルバ民族に所属するわたしが思うに、わたしたちの先祖たちは「いと高き神」を人間が作った像で示すことを恐れていたのであろう。

7　「輪廻転生」とは、人の人生は絶えず、死と生を繰り返すというものである。「輪廻転生」で生まれ変わったとしても、人生は苦しいものである。

5章

1　キリスト教は、一四八三年、ポルトガル人によってコンゴ王国に入って来た。ンジンガ・ンクウ王（Nzinga a Nkuwu, ?–1509）は、一四九一年五月三日に洗礼を受け、ジョアン一世という洗礼名を授かった。一四九二年には多くのコンゴ人が自ら進んでキリスト教に改宗した。コンゴ王国はその後、数十年間キリスト教国として存在し、ポルトガル人とコンゴ人が平和的に共存し、キリスト教は繁栄していった。しかしながら、奴隷商人がアフリカに侵攻して奴隷貿易が始まり、一七世紀に両者間に対立が起こった。この歴史的事件によりコンゴでは一九世紀までにキリスト教がほとんど消滅した。この出来事は、鎖国により一九世紀までキリスト教がほとんど消滅していた日本の歴史とほぼ同じである。しかしその後、両者が同様の展開をしなかったのはなぜであろう。なぜ、コンゴのキリスト教は発展し続け、日本はそうならなかったのであろうか。

2　神道と儒教が宗教であるかについては議論のあるところだが、いずれにしてもこれらはまとまった宗教的な価値観体系であることは事実である。

3　ラテン語の proclamatio は、日本語では「宣言」または「宣教」と訳された。

4　日本では、キリスト教の立場から他の宗教を研究するとともに、宗教間対話を促進するための機関として、オリエン宗教研究所がある。

5　一九九二年、東京都世田谷区内のさまざまな宗教界の有志による「世田谷宗教者懇話会」が発足し、同年「第一回世界平和を祈るつどい」が開催された。世田谷区内の宗教者有志が、互いに交流の輪を広げ、「草の根的」に努力を重ねていくことを目指している。

6　デュプイによれば、厳密な神学的な意味において教会の役割、すなわち祭儀を通して行われる祈りは共同体のためであり、諸宗教のメンバーの救いを含めない。彼は、『ローマ・ミサ典礼』第二と第三の奉献文の聖霊への祈り（epiclesis）を引用して、教会が祝う感謝の祭儀の「恩恵」は、教会外の人々の救いではなく、教会自身のメンバーと霊の一致である、と述べる。

　この件に関して、祭司職の経験をしてきたわたしは、別の見解を持っている。教会の祭儀、特に感謝の祭儀を通して、教会共同体のメンバーのためだけでなく、教会の外、すなわち他宗教の人々のためにも救いの恵みを願い求める。

　まず、第二および第三奉献文の聖霊への祈りだけを見れば、これらの祈りは、教会のメンバーのために唱えられていることがわかる。しかし、他の奉献文と他の祈りを考慮しなければならない。第三奉献文と第四奉献文に次のような祈りが唱えられる。「わたしたちの罪のゆるしとなるこのいけにえが、全世界の平和と救いのためになりますように」、そして「いつくしみ深い父よ、あなたの子がどこにいても、すべてあなたのもとに呼び寄せてください」（第三奉献文)。「聖なる父よ……あなたに受け入れられ、全世界の救いとなるこのいけにえ、キリストの御からだと御血をささげます」(第四奉献文のアナムネシス)。「父よ、すべての人を心に留めてください。その人々のために、この供えものをささげます」(第四奉献文)。「御子の食卓にわたしたちを集めてくださったように、……あらゆる民族、言語の人々を、み国の祝宴に招いてください」(ゆるしの奉献文2)。「すべての人とともに神の国に至る道を歩ませてください」(『種々の機会のミサの奉献文』3)。これらの表現は、教会が普遍的な使命を果たしていることを強く伝える。

次に、ミサ典礼における死者のための祈りも印象的である。ほとんどの奉献文において、教会は、共同体の死者の他にすべての死者の救いのために祈る。「復活の希望をもって眠りについたわたしたちの兄弟姉妹と、あなたのいつくしみのうちに亡くなったすべての人を心に留め、あなたの光の中に受け入れてください」(第二奉献文)。「亡くなったわたしたちの兄弟姉妹、また、み旨に従って生活し、いまはこの世を去ったすべての人を、あなたの国に受け入れてください」(第三奉献文)。「あなたの民と、神を求めるすべての人、また、キリストを信じて亡くなった人、あなただけがその信仰を知っておられるすべての死者を心に留めてください」(第四奉献文)。

「あなただけがその信仰を知っておられるすべての死者を、あなたのあわれみにゆだねます。み顔の輝きを彼らの上に照らし、復活のいのちの喜びにあずからせてください」(『種々機会のミサの奉献文』1)。

このように、すべての人の救いのための教会の祈りは効果をもたらす。諸宗教のメンバーが「神のみが知る方法によって」イエス・キリストのうちに救われるようにと教会は祈っている。

引用・参考文献

Ⅰ　全体にわたるもの

『聖書　新共同訳』〔二〇〇一年版〕日本聖書協会（＊本文での聖書引用は同書の訳文を使用した）。

ジャック・デュプイ、越知健／越知倫子訳、阿部仲麻呂監修・解説・註釈『キリスト教と諸宗教——対決から対話へ』教友社、二〇一八年。

Dupuis, Jacques, SJ., "My pilgrimage in mission," *International Bulletin of Missionary Research*, 27:4 (October 2003).

Dupuis, Jacques, SJ., *Toward a Christian Theology of Religious Pluralism* (Maryknoll, New York, Orbis Books: 1997).

Ⅱ　日本語の文献

アレクサンドリアのクレメンス、秋山学訳『キリスト教教父著作集第4巻1　アレクサンドリアのクレメンス1——ストロマテイス（綴織）Ⅰ』教文館、二〇一八年。

――、『キリスト教教父著作集第4巻2　アレクサンドリアのクレメンス2――ストロマテイス（綴織）Ⅱ』教文館、二〇一八年。

エイレナイオス、大貫隆訳『キリスト教教父著作集第2巻2　エイレナイオス2――異端反駁Ⅱ』教文館、二〇一七年。

――、小林稔訳『キリスト教教父著作集第3巻1　エイレナイオス1――異端反駁Ⅲ』教文館、一九九九年。

――、大貫隆訳『キリスト教教父著作集第3巻3　エイレナイオス5――異端反駁Ⅴ』教文館、二〇一七年。

遠藤周作『私にとって神とは』光文社、一九八三年。

――、『深い河《ディープ・リバー》』講談社文庫、一九九六年。

岡田武夫『希望のしるし――旅路の支え、励まし、喜び』オリエンス宗教研究所、二〇一五年。

ファーガス・カー、前川登／福田誠二監訳『二十世紀のカトリック神学――新スコラ主義から婚姻神秘主義へ』教文館、二〇一一年。

門脇佳吉『日本の宗教とキリストの道』岩波書店、一九九七年。

ハンス・キュンク、石脇慶総／里野泰昭訳『教会論』〔上〕新教出版社、一九七六年。

――、福田誠二訳『キリスト教――本質と歴史』教文館、二〇二〇年。

教皇庁教理省『宣言　主イエス――イエス・キリストと教会の救いの唯一性と普遍性について』カトリック中央協議会、二〇〇六年。

教皇庁諸宗教評議会・福音宣教省『対話と宣言――諸宗教間の対話とイエス・キリストの福音の宣言をめぐる若干の考察と指針』カトリック中央協議会、一九九三年。

ハンス・シュモルト、高島市子訳『レクラム版　聖書人名小辞典』創元社、二〇一四年。

E・スヒレベーク、ヴィセンテ・アリバス／塩谷惇子訳『イエス――一人の生ける者の物語』〔第1巻〕新世社、一九九五年。

上智学院カトリック大事典編纂委員会編『新カトリック大事典』〔全4巻、総索引、別巻〕研究社、一九九六-二〇一〇年。

第2バチカン公会議文書公式訳改訂特別委員会監訳『第二バチカン公会議公文書　改訂公式訳』カトリック中央協議会、二〇一三年。

竹内修一「和の心とキリスト教倫理」光延一郎編著『今、日本でカトリックであることとは？――二〇〇七年上智大学神学部夏期神学講習会講演集』サンパウロ、二〇〇九年。

デズモンド・ツツ大主教／ダグラス・カールトン・アブラムス文、ファム・レ＝ウィエン絵、村松泰隆訳『かみさまのゆめ―GOD'S DREAM』ドン・ボスコ社、二〇〇九年。

クリスチャン・デュコック、竹下節子訳『自由人イエス――もう一つのキリスト論』ドン・ボスコ社、二〇〇九年。

H・デンツィンガー／A・シェーンメッツァー、浜寛五郎訳『カトリック教会文書資料集――信経および信仰と道徳に関する定義集』エンデルレ書店、一九七四年。

日本カトリック司教協議会教理委員会訳・監修『カトリック教会のカテキズム』カトリック中央協議会、二〇〇二年。

日本カトリック司教協議会諸宗教部門編『カトリック教会の諸宗教対話の手引き――実践Q＆A』カトリック中央協議会、二〇〇九年。

日本カトリック典礼委員会編『ミサの式次第』〔2022新版〕カトリック中央協議会、

二〇二二年。

——、『種々の機会のミサの奉献文（試用版）』〔ミサの式次第（2022新版）別冊付録〕カトリック中央協議会、二〇二二年。

教皇パウロ六世、回勅『エクレジアム・スアム』中央出版社、一九六七年。

——、使徒的勧告『福音宣教』カトリック中央協議会、一九七七年。

カール・バルト／H・ゴルヴィツアー編、鈴木正久訳『教会教義学』日本基督教団出版部、一九六一年。

ジョン・ヒック、間瀬啓允訳『神は多くの名前をもつ——新しい宗教的多元論』岩波書店、一九八六年。

——、間瀬啓允／本多峰子訳『宗教多元主義への道——メタファーとして読む神の受肉』玉川大学出版部、一九九九年。

——、間瀬啓允訳『宗教多元主義——宗教理解のパラダイム変換』法蔵館、二〇〇八年。

ジョン・ヒック／ポール・F・ニッター編、八木誠一／樋口恵訳『キリスト教の絶対性を超えて——宗教的多元主義の神学』春秋社、一九九三年。

教皇フランシスコ、使徒的勧告『福音の喜び』カトリック中央協議会、二〇一四年。

——、回勅『ラウダート・シ——ともに暮らす家を大切に』カトリック中央協議会、二〇一六年。

——、使徒的勧告『愛するアマゾン』カトリック中央協議会、二〇二一年。

——、回勅『兄弟の皆さん』カトリック中央協議会、二〇二一年。

教皇ベネディクト十六世、使徒的勧告『主のことば』カトリック中央協議会、二〇一二年。

星川啓慈／山梨有希子編『グローバル時代の宗教間対話』大正大学出版会、二〇〇四年。

柳川啓一『宗教理論と宗教史――聖と俗の交わる世界』〔テレビ大学講座〕旺文社、一九八二年。

幸日出男、關岡一成『キリスト教と日本の諸宗教』三和書房、一九八八年。

ユスティノス、柴田有／三小田敏雄訳『キリスト教教父著作集第1巻　ユスティノス――第一弁明、第二弁明、ユダヤ人トリュフォンとの対話（序論）』教文館、一九九二年。

教皇ヨハネ二十三世、回勅『パーチェム・イン・テリス――地上の平和』〔ペトロ文庫〕カトリック中央協議会、二〇一三年。

教皇ヨハネ・パウロ二世、回勅『救い主の使命』カトリック中央協議会、一九九二年。

――、使徒的書簡『紀元2000年の到来』カトリック中央協議会、一九九五年。

――、回勅『聖霊――生命の与え主』カトリック中央協議会、一九九五年。

――、使徒的勧告『アジアにおける教会』カトリック中央協議会、二〇〇〇年。

――、回勅『信仰と理性』カトリック中央協議会、二〇〇二年。

――、回勅『いのちの福音』カトリック中央協議会、二〇〇八年。

カール・ラーナー、百瀬文晃訳『キリスト教とは何か――現代カトリック神学基礎論』エンデルレ書店、一九八一年。

Ⅲ　外国語の文献

Cardinal Arinze, Francis, "Spirituality in Dialogue," *Pro Dialogo* 96: 3 (1997) : 374–375.
Augustine, *Sermo ad Caesarensis ecclesiae plebem* 6; CSEL 53: 174–175.
Barnes, M., *Christian Identity and Religious Pluralism: Religions in Conversation* (Nashville: Abingdon Press, 1989), 143.

Clément d' Alexandrie, *Le Pédagogue*, Tradution de Bernadette Troo et de Paul Gauriat (Paris: 《Pères dans la Foi 》Migne,1991), 86.

Congar, Yves, *Mon Journal du Concile : vol. I, Présenté et annoté par Éric Mahieu,* (Paris: Cerf, 2002), 514.

Saint Cyprien, *De l' unité de l' Eglise Catholique,* traduit par P. Labriolle, Col. Unam Sanctam (Paris: Cerf, 1942), 13.

Cyprianus, "Concerning some virgins," *Epistle* 61.4. Translated by Robert Ernest Wallis.

de Béthune, Pierre F., "Le Dialogue des Spiritualités," *Pro Dialogo,* 92:2 (1996): 252–255.

——, "The Bond of Peace: A few Theological Reflections about Interreligious Prayer," *Pro Dialogo*, 98: 2 (1998): 159.

Di Noia, Joseph A., *The Diversity of Religions: A Christian Perspective* (Washington: Catholic University of America Press, 1992), 91.

Donneaud, H., "De l' usage actuel de la doctrine des《semences du Verbe》dans la Théologie Catholique des Religion," *Revue Thomiste*, t. CVI: 1–2 (2006): 245–270.

FABC Theological Advisory Commission, "Theses on Interreligious Dialogue," *FABC Papers*, 48 (Hong Kong: FABC, 1987), 2: 2–3.

Fischer, Louis, *The Life of Mahatma Gandhi* (New York, Harper & Row, 1950) 371.

Hick, John, *God has Many Names* (Philadelphia: The Westminster Press, 1982), 66.

Jean-Paul II, *Ecclesia in Africa : Exhortation post-synodale* (Roma: Libreria Editrice Vaticana, 1995), nr.42–43.

Kasper, Walter, *The Catholic Church: Nature, Reality and Mission* (New York: Bloomsbury Publishing, 2015), 114.

Keshub Chunder Sen, *Lectures in India,* 2 vols (London: Cassel, 1901–1904), 16.

King, Sallie B., "Interreligious Dialogue," *The Oxford Handbook of Religious Diversity,* ed. Chad Meister (New York: Oxford University Press, 2011), 101–114.

Küng, Hans, *Theology for the Third Millennium* (New York: Doubleday, 1988), 248–251.

——, *Christianity : Essence, History, and Future* (New York: Continuum, 1995), 111.

Louchez, E., 《La commission De Missionibus》, dans *Les Commissions Conciliaires à Vatican II,* Éditées par M. Lamberigts, Cl. Soetens, J. Grootaers, (Leuven : Bibliotheek van de Faculteit Godgeleerdheid, 1996), 270.

Lumbala, François Kabasele, "Révélation de Dieu dans des traditions Luba," *Histoire et Missions Chrétiennes,* 3: 3 (Septembre 2007) : 103–120.

McDermott, Gerald R., *God' s Rivals: Why Has God Allowed Different Religions? Insights from the Bible and the Early Church* (Illinois: IVP Academic, 2007).

Müller, Max, *Lectures on the Origin and Growth of Religion as Illustrated by the Religions of India* (London: Longmans, Green, and Co., 1880), 23.

Nürnberger, K., *The living dead and the living God* (Pietermaritzburg: Cluster Publications, 2007), 33.

O' Malley, John W., *What Happened at Vatican II* (Massachusetts: The Belknap Press of Harvard University Press, 2008), 220–223.

Paul VI, *Litterae Apostolicae Motu proprio datae Africae Terrarum* (Roma: Libreria Editrice Vaticana,

1967), nr.8.
——, *Discours aux évêques d'Afrique et de Madagascar réunis à Kampala*, (Kampala, 1969), nr.1.
Placide Tempels, *Bantu Philosophy*, trans. Dr. A. Rubbens (Paris: Présence Africaine, 1952), 10.
Prothero, Stephen R., *God Is Not One: The Eight Rival Religions That Run the World —And Why Their Differences Matter* (New York: Harper One, 2010).
Rahner, Karl, "The One Christ and the Universality of Salvation," *Theological Investigations*, 16 (1979): 199–224.
Santiago-Vendrell, Angel D., "The Gifts of God for the People of the World: A Look at Pneumatology in the Work of Jacques Dupuis and Samuel Solivanon Interreligious Dialogue," *Journal of Pentecostal Theology*, 22 (2013): 125.
Sesboüé, B., *Hors de l'Eglise, pas de salut* (Paris: DDB, 2004), 11–12.
Sydnor, John Paul, "Beyond the Text: Revisiting Jacques Dupuis' Theology of Religions," *International Review of Mission*, 96 (2007): 59.
Verhulpen E., *Baluba et Balubalisés du Katanga* (Anvers: Ed. De l' Avenir Belge, 1963), 45.

Ⅳ　ウェブサイト上の文献

カトリック中央協議会「カトリック教会の歴史」
https://www.cbcj.catholic.jp/catholic/history/
（閲覧日二〇二四年一月二三日）。
——、「教皇フランシスコ、二〇一九年三月二七日一般謁見演説、モロッコへの司牧訪問」

https://www.cbcj.catholic.jp/2019/04/03/19042/
（閲覧日二〇二四年一月二三日）。
――、「教皇ベネディクト一六世の三三四回目の一般謁見演説『神へのあこがれ』（二〇一二年一一月七日）」
https://www.cbcj.catholic.jp/2012/11/07/8470/
（閲覧日二〇二四年一月二三日）。
国際宗教同志会平成三一年度総会記念講演「カトリック教会と諸宗教対話」
http://www.relnet.co.jp/kokusyu/lecture/2019/20190205.html
（閲覧日二〇二四年一月二三日）。

あとがき

現代のカトリック神学において、宗教的多元性（キリスト教以外にも、多くの宗教が存在するという現実）が深く認識されるようになり、さらにその認識から生じる数多くの新しい問題が、神学上の重大な問題として取り扱われるようになった。キリスト教以外の他宗教が、想像していた以上の霊的豊かさを持ち、現実に人間に対して重大な役割を果たしていることの認識が高まった状況では、「カトリック以外の事柄については無視する、ないしは、無関心である」という姿勢は許されないであろう。

カトリック神学としてもそれらの問題に、視線を水平に保ちながら柔軟に取り組むことが求められている。救済のオイコノミアを考察する場合についても、宗教の多元性との関わりを避けることはできない。

人類が創造されたのちは、イエス・キリスト誕生の前にも、イエス・キリストの時代にあっても、またそれ以後の時代にあっても、すべての全人類に対して、神の働きが絶え間なく続けられていることは間違いない。この神の救いの働きが、どのように人間に届くのか、すなわち、宗教的多元性の現実のもとで、救済のオイコノミアをどのようなものとして理解していくのか、ということが、現実的課題として現れるのである。

わたしは本書で、以下のことを明らかにした。

(1) 救済のオイコノミアは、人類が創造されて以来の、すべての人類を対象にしている。

(2) 人類創造時に最初に誕生した人から、終末時の最後の人に至るまで、神の救済の力は間断なく働いている。

(3) 以上の二つは、自然に理解できることであるが、問題は、すべての人類が救われるはずだとすれば、時間的・空間的にキリストに出会うことのできない人々は、誰によって、どのように救われるのか、という疑問がある。

この問題に対して、いくつもの説明が試みられているが、率直に言って、十分に説得的な回答は見つからないと言うべきであろう。しかしここで、これ以上前に進む前に、考えなければならない。人間の理性は、ここでわたしたちに立ち止まれ、と告げていないであろうか。わたしたちは、直感的に、これ以上進むことはできないと感じないであろうか。

人間の能力を尽くしても、人間の救済は（特にここで問題になっている他宗教の信者の救済は）、「神が最善と思われる方法でなされている」としか言い得ないだろう。

救済のオイコノミアに関して、わたしは、神が宗教的多元性の存在を容認しているということがこの問題に対する鍵であり、また最終回答でもあると思う。神は救いの計画を遂行するにあたり、さまざまな手段をとられ、そのなかには諸宗教を用いられる可能性がある。イザヤ書に記されているとおり、神の思いと神の方法は、人間の思いと人間の方法を、はるかに超えているからである（イザヤ55・8－9参照）。使徒パウロが述べたように、「すべてのものは、神から出て、神によって保たれ、神に向かっている」（ローマ11・36）のであり、宗教的多元性もまた含まれている。

宗教的多元性の問題と他宗教の信者の救いの問題は神の領域の問題である、と告白する謙遜さを持つべきであると結論に至った。

救済のオイコノミアの視点から見れば、諸宗教は、それぞれの信者の救いのために肯定的な役割を果たしていると言える。神探求の旅路において、諸宗教は人々に神を考える居場所を与え、啓示を伝える器になり得る。

日本の福音宣教においては、検討してきたデュプイ神学は、宗教間対話の実践のために神学的な基礎を示している。それゆえに、日本の諸宗教や文化のなかにおける神の働きを見つめ直し、文化を考慮し、インカルチュレーションと宗教間対話の実践に関して、デュプイ神学は参考となる。今後、初代教父のロゴス神学についてさらに学び、今回の研究の到達点を深化させたいと思う。

本書は、わたしの博士（神学）論文「救済のオイコノミアにおける宗教的多元性の位置づけ――ジャック・デュプイの神学は日本の福音宣教にどのような貢献をするのか」（上智大学、二〇一二年度）をもとにして、この分野に関心を持つ方々に向けてまとめたものである。

本書の刊行にあたって、論文作成で特にお世話になった方々のお名前を記し、あらためて謝意を表したい。

まず、本研究を遂行するにあたり、指導教官として終始ご指導を賜った上智大学神学部・神学研究科の竹内修一教授に深謝申し上げたい。竹内教授には、神学研究科前期課程在学中より、研究の進め方や枠組みについて丁寧なご指導をいただいた。二〇〇八年、大阪府の泉佐野で開催された宣教師の研修会で伺った竹内教授の講義が研究を始める契機となり、ご指導を受けることにつながった。いつも研究の進み具合を気にかけ、優しいことばで私を励ましてくださった。

同神学研究科の光延一郎教授、川中仁教授、アイダル・ホアン・カルロス教授、原敬子教授、片山はるひ教授、そして帰天された増田祐志教授の温かいご指導に心より感謝申し上げたい。フイルマンシャ＝アントニウス助教と角田佑一助教には、本研究の遂行にあたって多大なご助言、ご協力をいただいた。あわせて深く感謝申し上げたい。

また、日頃からわたしの勉強の進み具合を気遣い、励まし、ご協力くださった村田富子氏に心からの謝意を表したい。本書は温かいご支援へのささやかな感謝のしるしである。

日本語を母国語としないわたしのために、論文の資料の翻訳に協力してくださった唐須克美氏、日本語を整えてくださった中村保夫氏、近藤博和氏、稲垣浩子氏には、丁寧かつ熱心なディスカッションを通じて多くの知識や示唆をいただいた。心よりお礼申し上げたい。

最後に、これまで温かい目で見守ってくれた両親（Mukengeshayi Théodor と Ntumba Clémentine）と淳心会会員、オリエンス宗教研究所の職員、上智大学大学院神学研究科事務室の高田和子様、そしてご協力をいただいたすべての方々にも心から感謝の気持ちとお礼を申し上げる次第である。

二〇二四年二月

カブンディ・オノレ

著者紹介

カブンディ・オノレ（Kabundi Honoré, cicm）

淳心会司祭．コンゴ民主共和国生まれ．2001年，聖アウグスティヌス大学卒業．淳心会入会．2006年，聖シプリアン神学大学卒業後，聖ルカ病院（フィリピン）で臨床パストラルケア教育を修了し日本に赴任．2010年，司祭叙階．東京教区松原教会助任司祭を経て，2013-18年，淳心会アジア管区秘書．上智大学大学院神学研究科博士後期課程修了．博士（神学），レジオマリエ東京レジア指導司祭．著書『聖書が語る天使の実像——霊的生活を深めるヒント』（弊所刊，2020年），*Guide Pratique à l'usage des Servants d'autel* (CIAM-AFA, 2021).

https://www.facebook.com/kabundi.honore

境界を越える神の救いの計画
――宗教間対話の新たな地平へ――

●

2024年4月5日　初版発行

著　者　カブンディ・オノレ
発行者　オリエンス宗教研究所
代　表　C・コンニ
〒156-0043 東京都世田谷区松原2-28-5
☎ 03-3322-7601　Fax 03-3325-5322
https://www.oriens.or.jp/
印刷者　東光印刷

ISBN978-4-87232-123-4 Printed in Japan

東京大司教出版認可済

オリエンスの刊行物

オリエンスの刊行物